日経文庫
NIKKEI BUNKO

実践！ 1on1ミーティング

本田賢広

JN097790

日本経済新聞出版

実践！　1on1ミーティング　目次

第2章 自律型人財が育つコーチングと、3つのフェーズ 49

第3章 第1フェーズ：心から安心して本音を話し合える関係性を構築する――1 あり方編 73

第5章　第1フェーズ：心から安心して本音を話し合える関係性を構築する――3アクション編

第6章 第2フェーズ：メンバーからできる感とモチベーションを引き出す関わり方

第8章　鏡としてのフィードバックと、選択肢としてのティーチング　239

序章

あなたは悪くない。
ただ、接する方向性を変えれば
うまくいく

VUCA時代の人材育成とは

昨今は〝VUCAワールド〟と呼ばれています。不安定で変化が激しく（Volatility）、先が読めず不確実性が高く（Uncertainty）、複雑で（Complexity）、曖昧模糊《あいまいもこ》とした世の中（Ambiguity）という意味の、それぞれの頭文字を取ったものです。今や有望とされたビジネスモデルや市場もすぐに成熟化、陳腐化するなど変化が激しく、経済はグローバルに連鎖して複雑さを増し、未知なる市場環境と遭遇、イノベーションはさらに加速化する。あらゆる分野で将来予測が困難な状況です。私のいるコーチ・講師業界でも、どの仕事がＡＩに代替され、どう共存していくのかという話題は尽きることがありません。あなたの業界ではいかがでしょうか。

このような時代に適応し、活躍できるのはどのような人材でしょうか。

〝正解〟はないと思いますが、少なくともリーダーの指示待ちでリーダーの責任に委ねるだけといった態度ではなく、柔軟な考え方や対応力を持ち、自らの価値観で判断し自発的に行動できる。また機械やＡＩにはできない、人ならではの付加価値を発揮できるといった、いわゆる「自律型人財」ではないでしょうか。

それは同時に、そのような人材を育てられるリーダーが求められている、ということも意味します。

現代のリーダーたちにとって、フリーアドレスや働き方改革、業後の飲みニュケーション減少やリモートワークなどで、部下たちとのコミュニケーション機会は大きく減っています。さらにはジェネレーション・ギャップで若手／年上の考えていることが分からない、ハラスメントや離職を恐れて本音で話せないなど、人材を育てる以前に部下との信頼関係構築に難を抱えている、という方も少なくありません。

そんななか、会社からは「人は増やせないから、部下のモチベーションや生産性をアップせよ」と言われストレスはマックス、最悪の場合リーダーたちは心身ともにやられてしまいます。必然的にその部下たちも辛い影響を受けることになります。どのようにすれば、リーダーとして、このような世界で魅力的な自律型人財を育てることができるのでしょうか。

実は、上司も部下も正しい

経営陣が悪い、後ろ向きな部下が悪い、リーダー自身に育成力がない……犯人探しをしても意味はありませんし、実は、誰も悪くありません。皆、一生懸命生きています。誰もが主人公として山あり谷ありの人生を生き、その都度「それがベストだ」と意識、無意識に判断しているのです。

この前提に立った時、「私の言った通りにやれば結果は出るのに、なぜやらないんだ？」「部下は何も考えていない」「部下に気づきを与える／行動させる」などといった上司の考え方や言動は、部下の方からはどう聞こえるでしょうか？　部下に成長してほしいという想い、会社の将来を思ってのことですが、私が部下なら「上から目線（の押しつけ）」にしか聞こえません。

部下を論理的に説得したり、小手先のテクニックでご機嫌をとろうとしたりすることは、むしろ相手の立場に関する想像力が不足しており、人としての尊重が足りない態度といえます。

論理やテクニックで人を変えることはできません。部下が自ら「なりたい自分、ありたい姿になりたい！」とイキイキ輝き出すよりほかないのです。自分を尊重してくれない人には心を開かず、簡単にやる気は低下します。高度経済成長期、年功序列や退職金など安定的な未来が期待できる時代であれば、部下を説得することもある程度可能だったかもしれませんが、この難しい時代になり、いよいよ本物の人材育成力が求められているのです。

人と人の関係性の上にともに違いを認め合い、強みを活かし合い、弱みを補い合って一緒に成果を喜び合えたら、どれほど日々が充実し、楽しいでしょうか。ことさらにモチベーションを上げなければと思わなくても、お互い自家発電的に上がるはずです。

そのような関係、毎日を実現する手段のひとつ、それが1on1ミーティングです。机上の空論でとどまることなく、実際に楽しくやり甲斐があり、結果的に成果も出続ける職場を実現してまいりましょう。

新たな時代のリーダー像

リーダーシップの歴史を振り返れば、原始時代は腕力の強い者がリーダーとなり、王、教会や軍隊がリーダーの時代もあり、所有する者、雇用する者がリーダーとなったりしました。これらのリーダーに共通している点は、「リーダーは、何らかの点で率いられる側の人々よりも優れている」ということです。

しかし、これからのリーダーについて、『マネジメント』の著者ピーター・ドラッカーは以下のように述べています。

「これからのリーダーは、知識労働者をマネジメントしていく。知識労働者は上司よりも、自分がやっていることについてより多くを理解しているプロフェッショナルである。したがって、過去のリーダーの仕事は命じることだったが、これからのリーダーの仕事は聞く、尋ねることが重要になる。」

つまり、部下はある分野においては上司以上にプロフェッショナルである（むしろそうであることが望ましい）。そのような部下たちの意欲や能力を引き出せる、「ファシリテーターとしてのリーダーシップ」を持っている必要があると。

また、『EQ　こころの知能指数』の著者ダニエル・ゴールマンは、次のように述べています。

「賢明であることも大事だが、それだけでは成功できない。どんな仕事、レベルにおいても、成功は33％がIQ（知能指数）で、66％はEQ（こころの知能指数）である。だが、ことリーダーに関しては後者の数値は跳ね上がる。リーダーにとって成功とは、15％のIQと、85％のEQなのだ。」

先のドラッカーの言葉と合わせると、賢いリーダーがこっちだと言って一方的に引っ張っていくだけでは成功できない。EQを大いに活用して、人の気持ちをモチベートしたり、能力を引き出したりすることが大切なのだ、となります。

ビジネスでも〝感情〟を大切にするというコンセプト

「仕事に私情を持ち込むな」などと言うように、ビジネスは理性的に行うものという考え方があります。もちろん理性は不可欠ですが、自律型人財とは自らをモチベートできる人。モチベーションは理性？……もちろん感情ですね。

したがって、前述した通り「こうすべき（すべきでない）」という論理や正しさだけでは、人は自発的に動きません。部下本人のなかに「心からそうしたい！」という感情が、いかに湧き上がってくるかがポイントとなります。

そのために、報酬や賞罰など、外発的な動機づけをすることがありますが、即効性はあっても、長くは続かない傾向があります。一方、「楽しいからやりたい！」という内発的な動機づけであれば、やる気が継続し、クリエイティビティが促進されます。自律型の「人材になる」とは、刹那的に単発のタスクをこなすことではなく、モチベーションの高い「人」になることです。

したがって、1on1ミーティングで必要とされるのは、物事を解決する力（コンサルティング力）ではなく、「楽しいからやりたい！」と人の心を動かせる力です。すなわち、ビジネスでも〝感情〟を大切にするというスタンス、そして上からの指導よりも、横からの勇気づけ、応援というスタンスです。その意味で、これより後は、部下を〝メンバー〟と表現していきますので、ご理解いただければ幸いです。

もうお気づきかと思います。1on1ミーティングは、通常とは異なる〝横から〟のコミュニケーションで、「体得スキル」です。いわば、自転車に乗れるようになるようなものです。いきなり乗れる人はいませんが、繰り返し行えば、誰でもできるようになります。かつて対人恐怖症だった私でもできるようになりましたので、決してハードルは高くないといえます。一緒に体得していきましょう。

第1章

1on1ミーティングとは

1　成功循環モデル――グッドサイクルを回していこう！

「結果の質」からスタートするバッドサイクル

1on1ミーティングを理解する上で極めて基礎的で重要な理論があります。マサチューセッツ工科大学のダニエル・キム博士の提唱する「成功循環モデル」というものです。博士は、全ての組織はこの循環モデルを回ると言っています。結果の質が関係の質に、関係の質が思考の質に、思考の質が行動の質に、行動の質が結果の質にそれぞれ影響する。そしてそれがまた関係の質に影響し、グルグル回るというのです。うまくいっている組織も、うまくいっていない組織も、同様にこのサイクルを回ると言われています。

では、うまくいっている組織と、いっていない組織は何が違うのでしょうか。それは、サイクルのスタート地点が違うと言われています。

バッドサイクルの組織は、結果の質がスタートになっています。結果が出れば賞賛され、出ないと否定される組織です。仮に結果を出していても、結果を出せず否定されている人を見ると、「明日は我が身かな」と不安になります。

人間は感情の生きものですから、否定されるとその上司に対しネガティブな感情を持ちます。すなわち、関係にひびが入ります（関係の質が悪化）。

そうするとどんなことを考え出すか。「どうしたら上司に怒られないか」「上司とのコミュニケーションを最低限にまで減らすにはどうしたらいいか」など、生産性とは関係ないことを考え出します（思考の質が悪化）。

それに基づいた行動はといえば、怒られないためのものとなり、消極的で「やらされ感」満載となります（行動の質が悪化）。そうなると、必然的に結果も出ません（結果の質がさらに悪化）。

結果が出ないとまた否定されて、さらに関係悪化、思考がネガティブに、行動も消極的になり、さらに結果が出ない。どんどんスパイラルダウンしていくことになります。

これがバッドサイクルです。

図表1-1　バッドサイクル

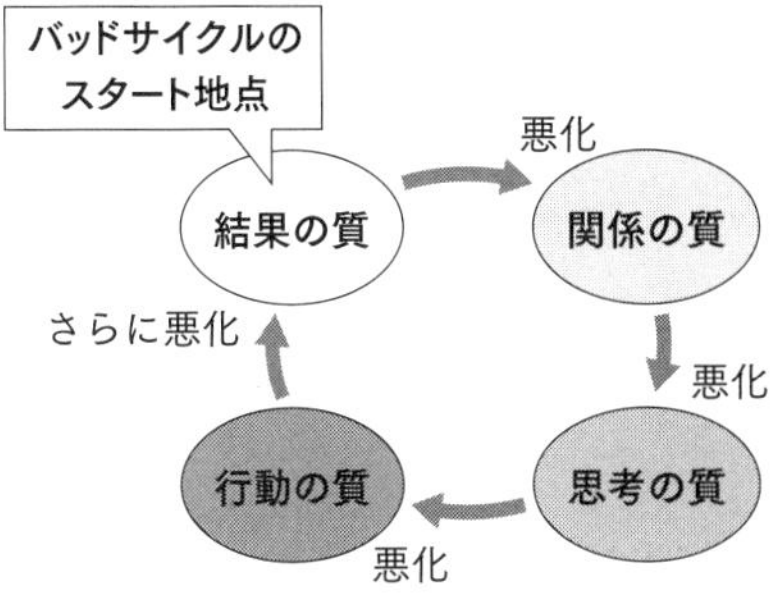

「関係の質」からスタートするグッドサイクル

一方、グッドサイクルの組織は、関係の質がスタートになっていると言われています。関係の質が良いとはどういうことでしょうか。友達関係、なあなあで甘やかし、腫れ物に触る……。もちろん、これらは関係（の質）が良いとは言えません。どんな仕事でも、結果は出たり出なかったりするものですが、いずれにせよ人格は決して否定しない。例えば、メンバーが未熟なアイデアを言ってきたとしても、決してバカにしたりはしない。「面白いことを言うね、もう少し聞かせて？」と人格を尊重した応じ方をする。これが、関係の質がスタートになっているということです。

人格を否定される恐れがない、心理的に安全性が担保されるということになれば、メンバーは伸び伸びとものを考えるようになります。「そうだ、お客様のためにはもっとこうした方がいいんじゃないか」「こうすれば仕事の効率が上がるんじゃないか。ちょっと上司に提案してみよう」など、柔軟かつ前向き・建設的にものを考えるようになります（思考の質が好転）。

自分で考えたことは自分でやってみたくなります。主体的、積極的、行動量も多い（行動の質が好転）ということになれば、結果は出やすくなります（結果の質が好転）。結果が出れば「良くやってくれたね！」と、さらに関係が良くなります（関係の質がさらに好転）。楽しくなって思考が活性化、行動が活発化、どんどんスパイラルアップしていくということになります。

図表 1-2　グッドサイクル

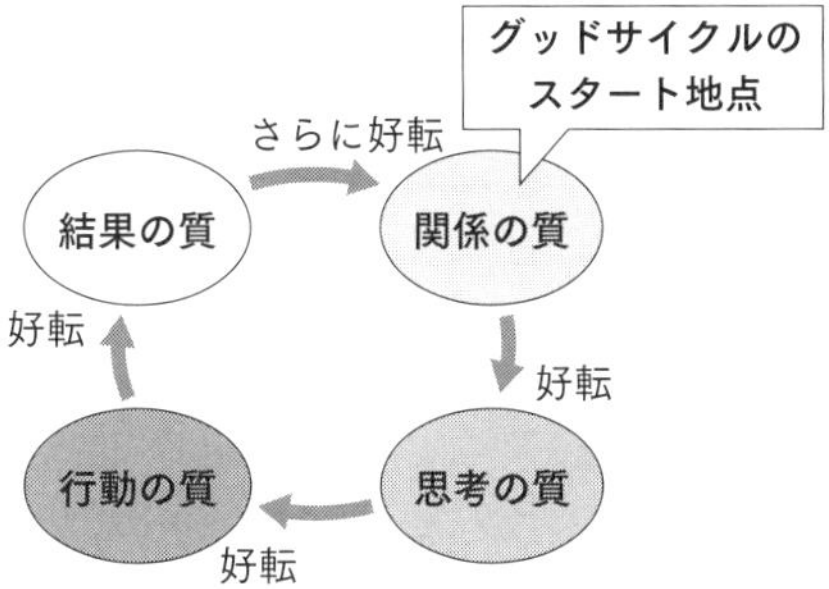

どのような「結果」が大事なのか

「結果の質から始めたほうが、結果が出やすいんじゃないですか」と言われることがあります。「例えば、結果が出れば報奨金を与え、出なかったらペナルティを科すなどとやった方が、結果が出るんじゃないですか」と。……出ます、即効性を持って。そのような組織もあると思います。しかし、ずっとそのままですと、すごい勢いで人が辞めていくことになります。

　もちろん仕事であり仲良しグループではありませんので、関係が良ければ良い、とはならず、あくまで結果が大事です。ですが、どのような結果が大事でしょうか。今期だけ良ければいいというわけにはいきません。会社ですから、常に良い結果、できれば右肩上がりで結果を出し続けていきたい。そのためには、逆算してどのような行動が必要になるでしょうか。偶然の行動でたまたま結果が出たというのでは好業績が安定するとはなりませんので、やはり理に適った行動が常に積極的かつ大量に起きている必要があります。そのような行動が常に起きるには、健全で主体的、チャレンジングな思考がいつも生まれていることが欠かせません。そのような思考がいつも生まれる職場といえば、やはり個々の人格が尊重され、やりがいがあって楽しい職場ということになるのではないでしょうか。

米グーグルが2012年、「プロジェクト・アリストテレス（Project Aristotle）」と銘打ち社内に数百あるチームの中で生産性の高いところの共通点を調べたところ、他者への心遣いや共感、すなわち「心理的安全性」（psychological safety）が職場で醸成されていることだったと結論づけています。

VUCA時代においては、従来の延長線上にはないイノベーティブな結果が求められています。それには実験的な行動がスピーディーかつ大量に起きている必要があり、それを生み出す柔軟でポジティブ、チャレンジングな思考がいつも生まれている必要がある。そのような思考がいつも生まれるのは、安心して本来の自分でいられる、創造性を最大限発揮できる充実感のある職場ということになります。

目の前の結果のみにとらわれた結果の質から入るのではなく、中長期的にメンバーがイキイキと輝き、本質的・永続的に成果が出続ける関係の質、そして思考の質を作る。それが1on1ミーティングの目的ということになります。グッドサイクルが回り出すのには一定の時間を要しますが、効果は絶大です。フリーアドレスやテレワークが増え、コミュニケーションが希薄化、信頼関係が脆弱化している今こそ、1on1ミーティングの果たす役割は大きいのです。

2　1on1ミーティングの定義と目的

1on1ミーティングを導入した結果、メンバーが自発的になった、職場のコミュニケーションが活性化した、業績が上がってきたといった声を多数耳にします。一方で1on1ミーティングが良いと聞きつけ、焦って形だけ導入した結果、かえってギクシャクした、雰囲気がおかしくなった、業績がなかなか上がらないといった声があるのも、残念ながら事実です。「本来の目的に沿った、質の高い1on1を導入する」ことが不可欠ということです。

1on1ミーティングの一般的な定義は以下の通りです。

「上司とメンバーが1対1で定期的に行う対話である。通常は、1on1の中でコーチング、ティーチング、フィードバックなどを効果的に組み合わせ、メンバーの成長支援を目的として実施する」

上司とメンバーとの面談の目的は通常、どのようなものが多いでしょうか。評価面談や戦略・戦術の共有、問題解決などかと思います。つまり、その必要がある時に行います。

一方、1on1ミーティングは、具体的に顕在化した目的がなくとも定期的に行うのが特徴です。頻度は会社や組織体制、仕事の繁忙度合いなどによって異なり、毎週15分、隔週や月1回30分など様々です。運用していきながら、適正なタイミングや時間をみつけていけばよいでしょう。

目的は、メンバーの成長支援です。ここまで書いてきたように、**自律型人財へのステップアップを支援**します。

3　1on1ミーティングと一般的な面談との違い

「課題」の扱いが異なる

一般的な面談と1on1ミーティング、どちらも大切ですが、目的が全く異なります。

前述した通り、一般的な面談は、評価面談や戦略・戦術の共有、問題解決などが目的であり、1on1ミーティングが目指すのは自律型人財への成長を支援すること。したがって、「課題」の扱いが異なります。

一般的な面談では、課題は解決すべき対象、目的そのものです。したがって、案件を進めるために〝正解〟や解決策を多く知っている上司がメインで話すことになりがちです。

一方、1on1ミーティングの対象はメンバー自身で、課題は自律型人財に成長するための手段、材料にすぎないということになります。本人がその課題に向き合い、自分らしく学びながら乗り越えるために、メンバーがメインで話すことになります。話しながら自分で気づいたことは実践したくなります。そうすることでうまくいってもいかなくても結果が〝自分ごと〟となります。その結果についてまた次回の1on1で話し合うことでPDCAサイクルが

図表1-3　一般的な面談との違い

	一般的な面談	1on1ミーティング
目的	評価面談や戦略・戦術の共有、問題解決など**課題を解決する**	自律型人財への成長支援、メンバー本人が**課題に向き合い、自分らしく乗り越える**
特徴	半期に1度の評価面談や、緊急を要する場合などに行う	定期的に行う（2週間に1度など）
	重要かつ緊急なことについて話す	重要だが、緊急ではないことについて話題にする
	解決力の高い上司が、主導的に考える	メンバー自身が、自分ごととして感じたことや考えたことをドンドン話しながら頭を整理し、気づく
	上司が解決策を指示する	メンバー自身がアクションプランを立てる
	上司が進捗を管理する	メンバー自身が進歩や成長を実感しながら、新たな目標を定める
	上司が業績評価を決定し、伝える	上司から、感じたことをフィードバックする
	緊張感・プレッシャーがある場合もある	部下にとって安心、安全、上質な時間になる

回り、ありたい姿に成長していきます。すなわち、1on1ミーティングで扱うテーマは緊急事項ではなく、メンバー自身に関すること、悩みや課題、キャリアなどの「重要だが緊急ではないこと」になります。

両者の特徴をまとめると、図表1－3のようになります。

モチベーションを高める

上司の関わりとして、一般的な面談ではメンバーの業績の評価を決定し、伝えるのに対し、1on1ミーティングでは、メンバーを見て、感じたことをフィードバックします。ここでいう1on1のフィードバックとは、評価を伝えたり改善点を指摘したりすることとは異なります。本人の無意識の言動を、客観的な視点から「こう見えるよ」「こう聞こえたよ」「こう感じたよ」と、鏡のように映ったものをそのまま伝えることで、本人が自身の言動とその要因となった本心に向き合うのを支援することです。つまり、上下関係ではなくメンバーを応援する横の関係となります（フィードバックについては、第8章で詳しく述べます）。

質の高い1on1ミーティングが実践できるようになると、部下にとって、定期的に考えと気持ちが整理され、エネルギーが充塡される上質な時間となります。1on1を楽しみにしてくれるようになることが理想です。

自律型人財とは、主体的に考え動く、モチベーションの高い人材です。前述したようにモチベーションとは感情であり、論理（正しさ）で人は自発的に動きません。1on1で必要なのは、物事を解決することではなく、メンバー本人に「本気でそうしたい！」という情熱が湧いてくることなのです。そうなれば、メンバーのスキルや人間力は向上し続けます。1人ひとりが自律型に成長することで、メンバー同士のシナジーが生まれやすく生産性の高い組織パフォーマンスも実現するのです。

4　1on1ミーティングの効果と実績

1on1ミーティングにチャレンジし、実践し続けた上司たちからは、メンバーの変化について以下のような声が聞かれました。

「スタッフの人数が多く日常的にゆっくり話す時間がないため、1on1という時間を取る習慣ができたことはよかった。結果、ポジティブな方向に物事が進むことが増えた」

「業務以外の話もすることで『何かあった時に相談しやすい関係』が構築できるだけでも大きな効果であると思う。話してもらったプライベートの悩みに関して、日常業務においても配慮ができた」

「メンバー個々の考えていることや仕事への思い等、日常知ることができない点について理解が深まり、少し感動した。正直しんどいことも多いが、メンバーがマネジャーにモノを言える貴重な機会なので、継続していきたい」

「1on1ミーティングを望んでいるメンバーもいたことに驚いた」

「確実に月1回の実施にするため、できなかった時は必ず月内にリスケしている。メンバー全員に平等に接していることの証明もできた」

「ビジネスライクになりがちだったコミュニケーションが改善された。トコトン本音を聴くようにしたら、メンバーの参画意識が変わった。指示待ちでなく、主体的に提案してくれるようになった」

「メンバーの個性や心から望むキャリアを応援でき、メンバーのモチベーションが上がった」

「離職率が低下し、社員にも会社にも安心感が増したように感じる」

＊　＊　＊

また、上司自身のメリットや変化を感じる声も多く聞かれます。

「自分の育成力が上がったと感じた」

「世代や立場のギャップを受け止め合い、思いやりのある関わりができるようになった」

「メンバーたちの発言や積極性が増したため、彼らをより信頼でき、以前はあまりできなかった権限移譲が効果的かつ自然に進んだ」

「ハラスメントを恐れて我慢したり、腫れ物に触るようにしたりすることなく、メンバーに率直に耳の痛いこともフィードバックできるようになった」
「メンバーが自立してきたので、マイクロマネジメントから解放され、本来のマネジメント業務に集中する時間が生み出せるようになった」
「メンバーの考え方は自分には新しく、視野が広がった」
「ミッション・ビジョン・バリューの自分ごと化、共有化が進み、チームの一体感が出てきた」
「娘の中学受験に向き合う中でも、娘や妻の様々な気持ちに寄り添えるようになり、家族とのコミュニケーションが嚙み合ってきた」

＊　＊　＊

5　1on1ミーティングの浸透を妨げる7つの壁

1on1ミーティングの成果についてこれだけの声があがっているにもかかわらず、なかなか浸透していない職場もあります。私がこれまで8000人超の方々に1on1に関してお伝えし、ご相談に乗らせていただいた経験から、浸透を妨げる〝壁〟を、以下の7つにまとめてみました。

①時間が作り出せない
②オリエンテーション（目的の共有）が十分でなく、一般的な面談と混同している
③1on1ミーティングを、そもそも不要だと思っている
④やることに恐れがある、必要なスキルがなくどうしてよいか分からない
⑤メンバーとの信頼関係がうまく築けない
⑥1on1ミーティングのテーマが見つからない
⑦会社の上層部が1on1ミーティングに理解を示さない／取り組まない姿勢を見て、やる気を削がれている

以下、それぞれの壁について詳細に述べていきましょう。

時間が作り出せない

最も多く聞かれるのは、「やりたいけど、時間が取れない」というものです。本当に忙しいのだと思います。ただ、結論からいいますと、「忙しいからこそ1on1」です。ただし精神論を申し上げるつもりはありませんので、ご安心ください。

忙しいということは、タイムマネジメントの課題ともいえます。

仕事には重要な仕事とそうではない仕事があります。また、緊急の仕事とそうではない仕事があります。ここでいう重要かどうかは、本業の成果に直結するか否かで判断できます。例えば営業であれば、見込み客に会うのは成果に直結するから重要な仕事、移動や日報を書くのは成果に直結しないから重要ではない仕事——これがタイムマネジメントの基本になる考え方です。

そうすると、仕事には4種類あることになります。重要かつ緊急な仕事（第一象限）、重要だが緊急ではない仕事（第二象限）、重要ではないが緊急な仕事（第三象限）、そして、どちらでもない仕事（第四象限）です。

例えば、第一象限の仕事とはどのようなものでしょうか。本業の成果に直結する今日明日の仕事です。重要なクライアントとの今日の打ち合わせ、リーダーとしてチームの方針を決める大事な今日の会議、あるいはクレームやトラブル対応などです。

第二象限はどうでしょうか。本業の成果に直結するが緊急性はない、あるいは期日がない仕事です。例えば、新マーケットの開拓や新商品・サービスの開発。重要な社内インフラの整備、長期重要案件、そして勉強やスキルアップ。1on1ミーティングの習得も該当しま

図表1-4　仕事の4つの象限

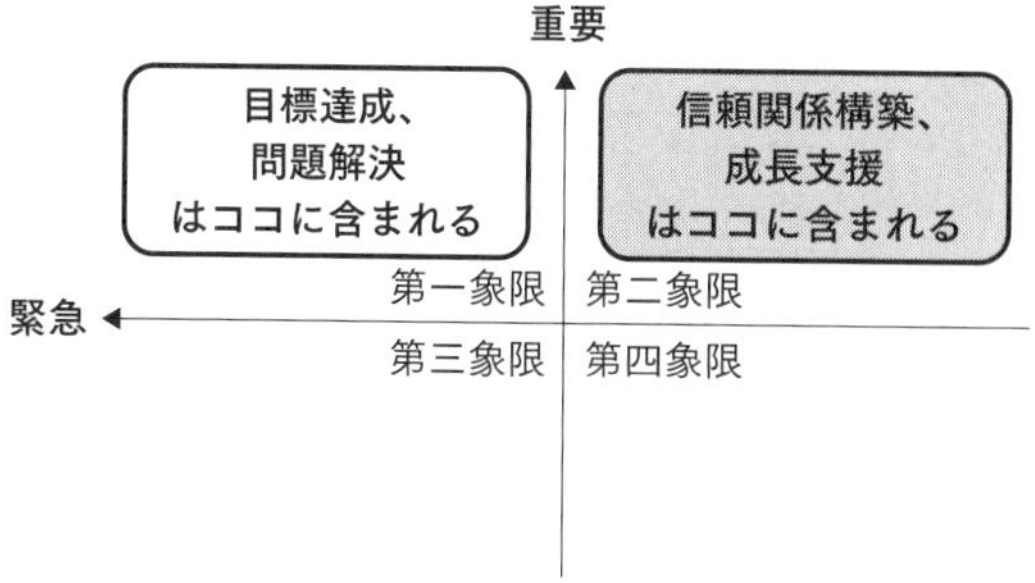

す。そして第二象限の最たるものは、社員同士の信頼関係の醸成や人材育成でしょう。人は一朝一夕には育ちません。

第三象限の仕事はいかがでしょうか。重要ではありませんから本業の成果には直結しません。しかし緊急です。例えば、運輸業ではない方にとっての今日の移動時間。日報や今日中に出すべき会議の議事録、社内の報告書。本業の成果には結びつかないメールの返信（メールは基本的にクイックレスポンス）などです。

そして、第四象限はどちらでもない仕事ということになります。

問題は、どういう順番で仕事をするかです。最初にやるのは当然、第一象限。問題はその次です。次はどの仕事をやっていることが多いでしょうか。第四象限に行く人はいないと思いますので、第二か第三の二者択一だと思いま

図表1-5　後回しになりがちな第二象限

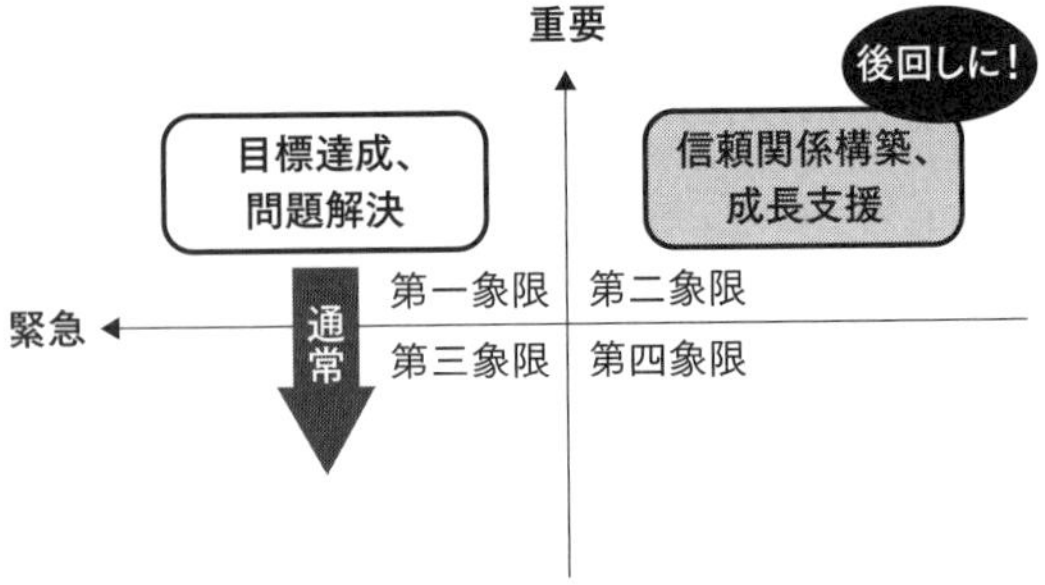

す。皆さんはいかがでしょうか。

おそらく、多くの方が第三象限だと思います。人間の本能だからです。人間は、重要性には引っ張られず、緊急性に引っ張られます。第一象限の次は第三象限に行き、第二象限は後回しになります。なぜなら、第二象限の仕事は今日やらなくても大きな影響はありませんし、しかも全て重たい仕事ばかりだからです。

こうして、例えば信頼関係構築や人材育成は後回しになります。メンバーとギクシャクする、言うことをきいてくれない、本音が分からない、生産性が上がらない。しかし、今日やらなければならないことがたくさんあるので、「今度、時間ができたらちゃんと話そう、トレーニングしよう」と、つい後回しになる。3か月経っても半年経ってもそれらは変わらず、ついには次の新人が入社してきて「あれ？　もう1年経つのに全然育っていない！　どうす

図表1-6　第一象限から第二象限へ、が成功パターン

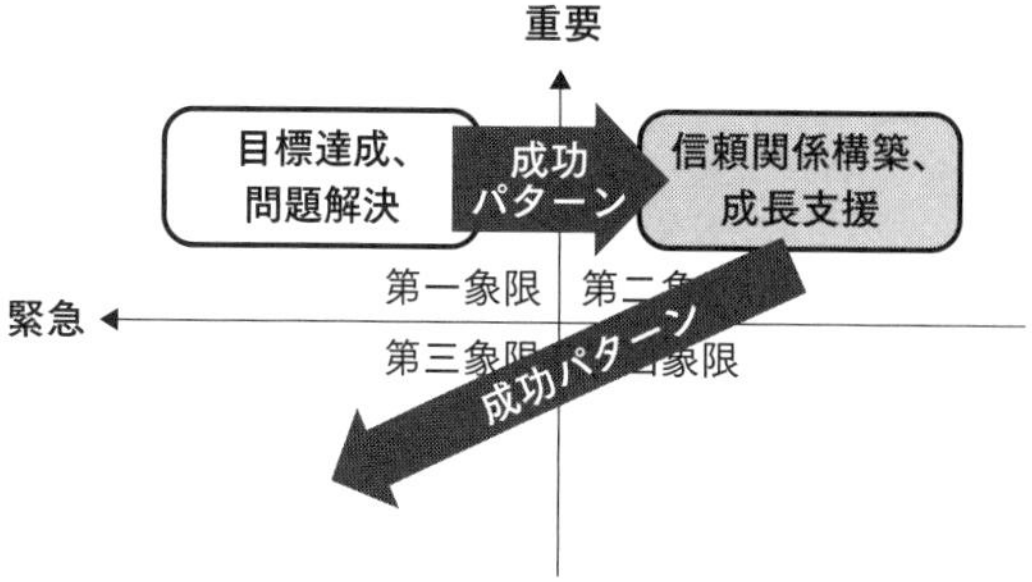

る?」となります。そうすると、上司はいつまで経ってもマイクロマネジメントから解放されず、チームのシナジー効果が生まれないという事態が起こるわけです。

結論は、本能に反して、第一象限の次は第二象限に行かなくては、決して生産性は上がらないということです。第三象限の仕事は極力隙間時間にこなす、品質より拙速をよしとする、お金を払って外部やAI、ロボットにやってもらう、冷静に考えてやらないと決断をする——こうしなければ、働き方改革を進めることはできません。

ポイントは、第二象限をいかに優先できるかになります。通常は後回しになるため、あらかじめ取り掛かるタイミングを設定・確保し、予定時刻になったら確実に実行するしかありません。だから、1on1ミーティングなのです。

上司は、第一象限の仕事に関しては通常通り、必要に応

図表 1-7　重要だが緊急でない仕事を分解する

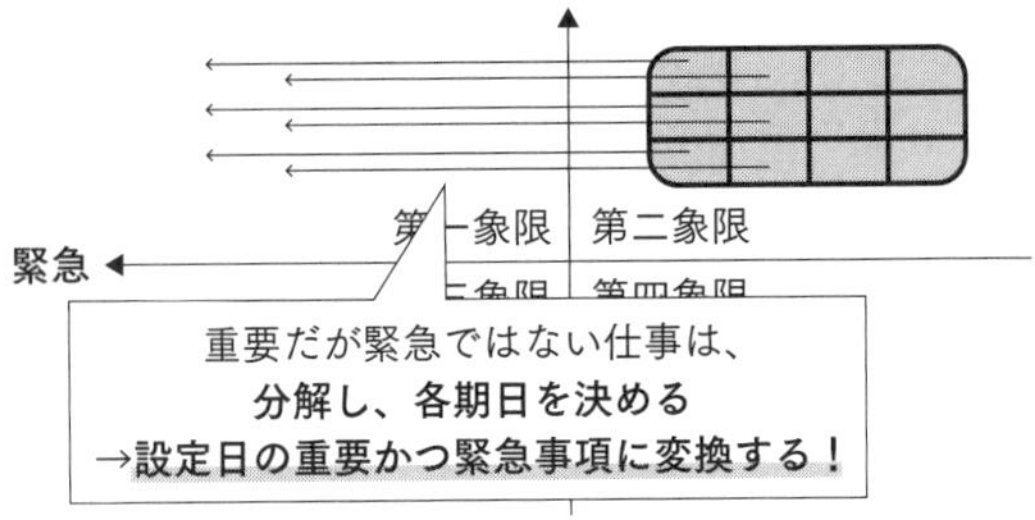
重要
第一象限
第二象限
緊急
重要だが緊急ではない仕事は、
分解し、各期日を決める
→設定日の重要かつ緊急事項に変換する！

じてティーチングやアドバイス、指示をしたりして目前の目標達成や問題解決をサポートしていきますが、第二象限の仕事、なかでも信頼関係構築や成長支援については、例えば2週間に1回30分などタイミングを設定して着実に進めていく。「忙しいからこそ1on1ミーティング」ということになります。

　ただ、理屈は分かっても実際に運用するとなると、「ごめん、今週は無理になっちゃった、来週ね」「昨日、車の中で30分くらい話したから、今回はやったってことでいいよね」などと、どんどん後回しや形だけになりがちです。どうすればいいのでしょうか。そう、どうしてもの緊急トラブルや病気の場合などを除き、**決してリスケしない**、ということなのです。ただし、本能に意志の力で対抗するのは大変なことです。どうしても住宅ローンを組みたいと自己資金2割を貯めるため、予め給与から毎月3万円天引き

図表1-8　第二象限にある1 on 1

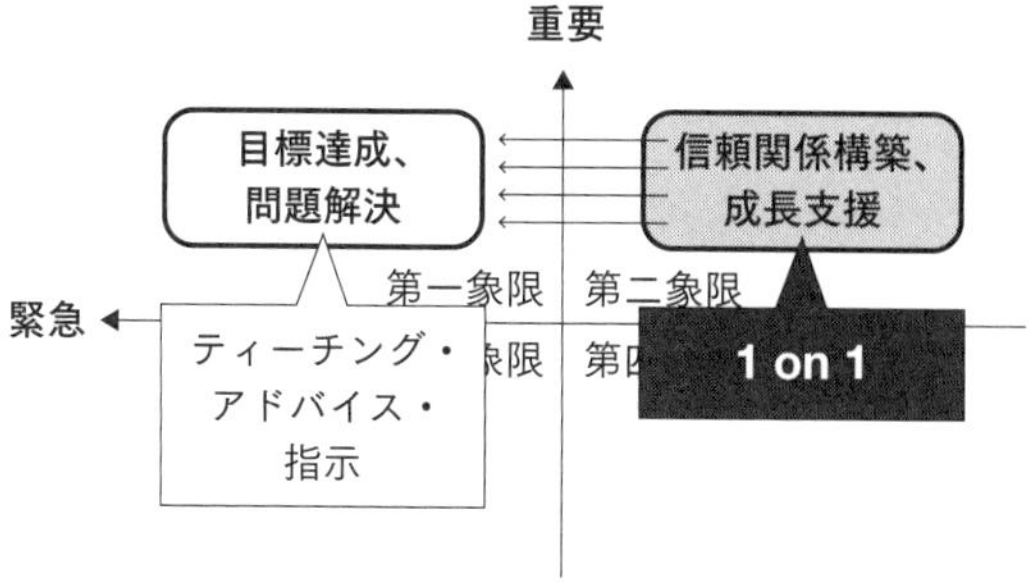

して貯蓄に回すように、1on1の時間を設定したら、「もともとこの時間は自分にはなかったんだ」という体で、残りの時間で仕事を回す。そのようにすると、運営できるようになります。

研修させていただいたある大手鉄鋼メーカーで、1人のマネジャーがこう言われました。「8人のメンバー全員に対して、毎週1on1をやっています」。「すごいですね、どんなふうにやっていらっしゃるんですか？」と伺うと、以下のような答が返ってきました。

「いろいろ試して、結果的に1人15分、ショートタイムの1on1を毎週やっています。1日2人に実施すれば、月火水木で全員終わります。1日15分を2人、30分は1on1の時間に当て、自分の仕事はそれ以外の時間でやると決めて始めました。最初の頃は『あー、この30分があれば…』とストレスを感じることもありましたが、やり続けると、だ

図表 1-9　階層的にやってみる

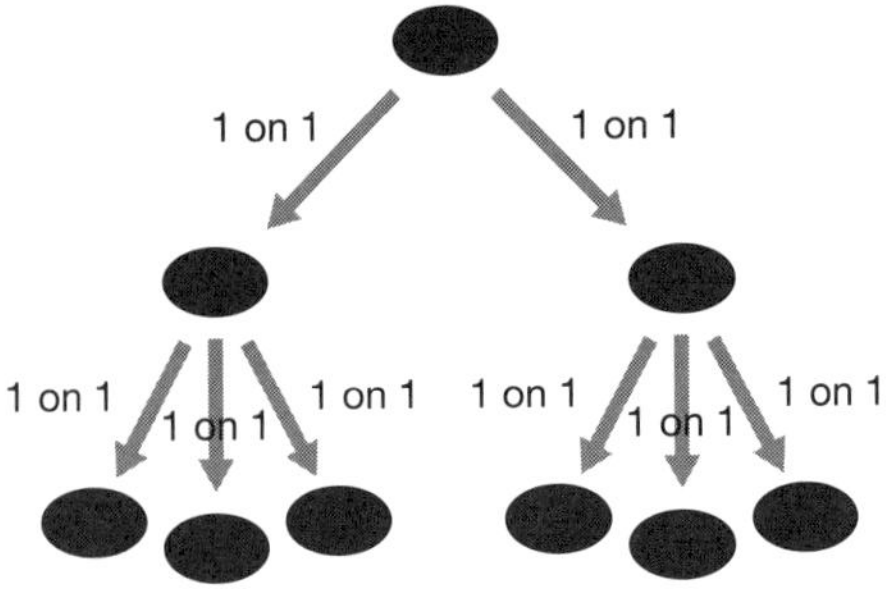

んだんやめられなくなりました。なぜなら、メンバーがどんどん自律的になってきてくれたからです。無駄な不信感もお互い払拭されるようになって、メンバーから情報が速く深く入ってくるようになりました。実は不安や不満があった、実はこんな課題意識や提案したいことがあったとか。1日30分、自分の仕事をストップするだけで、こんなにマイクロマネジメントから解放されて、気持ちよく仕事に集中できるのであればやめられない！　となりました」

まさに、1 on 1ミーティングの効果を享受されているケースです。習慣化するまでは多少大変な思いをするかもしれません。しかし、その報酬は大きいと確信しています。私のお勧めは、最初からあまり無理な計画は立てないことです。人数が多い、遠隔地にいる、繁忙期など様々な事情があると思います。できるだけ、続けられるような頻度や時間を設定し始めてみて、もっと頻度を上げよう／下げよ

図表1-10　階層的・客観的に対象者を増やしていく

まず、入社3年目以内の人に、毎週行う

↓

3か月後、入社4〜6年目の人に隔週でスタート、

入社3年目以内の人も隔週に変更

↓

う、もっと時間を伸ばそう／ショートにしようと、メンバーと相談してみる。対象人数が非常に多いのであれば、階層的にやってみる（図表1－9）、頻度を減らしてみる、段階的・客観的に対象者を増やしていく（図表1－10）など工夫しながら、皆さんにとって最適な1on1を見つけていってほしいと思います。

私自身も社員が1人いますが、研修やコーチングで外出することが多く、普段はなかなか会えません。弊社にとって、その社員のメンタルが健全で信頼関係が維持向上できていること、自律的に成長してくれることは最も大切なことです。そこで1on1は最重要な時間と、お互い共有しています。「忙しいからこそ1on1」、素敵な未来を見据えながら、一緒に頑張っていきましょう。

オリエンテーション（目的の共有）が十分でなく、一般的な面談と混同している

上司が1on1ミーティングの目的を十分理解していない、または理解していてもメンバーに目的を伝える機会を十分設けていないことで、一般的な面談との混同が起きている場合です。足元の業務報告や進捗確認ばかりになったり、話題が戦略・戦術の共有、問題解決（第一象限）ばかりになったり、また従来の目標管理面談と変わらない中身になったりして、上司主体のアドバイスや指示の場になってしまっている。メンバーは「従来の一般的な面談に加えてわざわざ1on1を追加する意味が分からない」となって、意欲が下がるのです。

また目的の誤解から、単なる世間話やメンバーの不満の吐き出し、陳情の場（言えばやってもらえる等）になってしまうケースもあります。言うまでもなく、本来はメンバーが主人公として課題に向き合い、自分らしく乗り越えるために上司の協力を得る場であって、メンバー主体の意味を履き違えては、望む状況、成果を得ることは決してできません。

例えば、〝メンバー1人ひとりが心や思考を整え、イキイキ現場に戻るため定期的に立ち寄るピットイン〟などのようにイメージをしっかり共有することで、お互いに建設的に活用することができます。1on1ミーティングを制度としてスタートする際に、皆を集めてオリエンテーションを行う、あるいは初回〜2回目くらいまでの1on1はオリエンテーションに使うなど丁寧にスタートすることで、急がば回れのことわざ通り、早く軌道に載せていくことができるのです。

〈チャレンジ〉
第1章を参考に、「1on1ミーティングの目的や価値」を、ご自身の言葉で語ってみましょう！

1on1ミーティングを、そもそも不要だと思っている

例えば、自分が過去に嫌な思いをしたから、定期的にそれを強制するなんて可愛そうという意見です。しかし、「過去」には1on1ミーティングはなかったはずです。おそらくは、かつて受けた高圧的な面談の経験と重ねている、いわば誤解ということになります。

また、「過去になかったから現在も要らない」という理屈も成り立ちません。序章で書かせていただいた通り、現代はVUCAワールドであり、この時代に活躍できるのは指示待ち人材ではなく自律型人財。そのような人材を育てるツールが1on1ミーティングなのです。

ところで、私が新人の頃は、「○○ハラスメント」という言葉はありませんでした。今思えば、ミスをしたことで皆の前で吊し上げられるなどパワハラを受け、毎日落ち込み、「もう、会社を辞める」とそんなことばかり言っていました。そんな時は決まって3歳上の優しい先輩が「本田行くぞ」と、いつもの中華料理店に連れていってくれました。瓶ビールと天津麺をおごってくれ、「まあ、飲め」とビールを注いでくれました。「仕事、向いてないから辞めます」と言うと、「分かった、分かった。課長は見込みがないやつは怒らないんだから、よかったな、見込みがあって」「いえ、今に見限られます」「俺も新人の時はそうだった、全然問題ない。食べろ、食べろ」とそんなやり取りを繰り返しているうちにようやく気持ちが落ち着いてきて、「すみませんでした。明日からまた頑張ります」と、心をリセットして帰ることができたことを思い出します。

今はどうでしょう。終業後にメンバーを無理に誘うとハラスメントになるかもしれないと思うと、業務中にしかコミュニケーションを取ることができません。業務中に前述のような泣き言を言う時間は基本的になく、とにかくタスクを回せとなると、ストレスがたまり関係の質は悪化、最悪、離職にまでつながってしまうのです。

したがって、業務中に不安や辛いことを吐き出したり、本質的なことについて考えたり、将来のことを語り合ったりする。それが1on1ミーティングだとも言えるのではないでしょうか。

「白子やウニを初めて見た時はギョッとしたが、食べてみたらとても美味しかった！」というようなことと同じで、やってみないことには、その効果を理解することはできません。やる前から不要だと早計に決めつけず、ぜひ、希望を持って取り組んでいきましょう。

やることに恐れがある、必要なスキルがなくどうしてよいか分からない

相手の気持ちが分からないため、1on1ミーティングに恐れを感じるという声もよく聞きます。異性の気持ちが分からない、歳の離れた若い人に理解してもらえるとは思えない、自分より年齢が上の部下にどう接していいか分からない、自分の意志を強く持っている人にどう話していいか分からない、などです。

また、話すことがなくなって沈黙になったら、何かを質問されて回答できなかったら、こちらの話の持っていき方の失敗で会社を辞められたりしたらどうしよう、などの心配も聞かれます。

あるいは、違う価値観のことを言われた時に反論したくなり傾聴が難しい、気づきが生まれる質問ができるか自信がない、ネガティブ・フィードバックができないなど、スキル面の恐れもよく伺います。

これらに関しては、本書で丁寧に解説していきますので、楽しみに読み進めていただければ幸いです。

メンバーとの信頼関係がうまく築けない

上司はやりたくても、メンバーが頑なにあまり本音を話してくれないというケースも聞きます。

逆に、上司側が、「自分のことは棚上げして不満ばかりのメンバーには心を開けない」「真剣さややる気が感じられないメンバーとはやりたくない」と心を閉ざしているケースもあります。

さらに、コロナ禍で増えたオンライン・コミュニケーションによるストレスも、昨今では信頼関係構築に大きな影響を及ぼしています。通信環境の不具合、画面のオフなどで相手の状況が分からない、本心が分からないなどの壁です。

メンバーとどう信頼関係を築いていくか、それも本書では、具体的に解説していきます。

1on1ミーティングのテーマが見つからない

1on1ミーティングをやりたいが、何を話していいか分からない。テーマを見つけるのが大変。メンバーにとってそれが負担で1on1が続かない、という声もあります。

基本的には、メンバーが話したいことで、前述した通り重要だが緊急ではない第二象限のテーマを扱いますが、定期的にやっていくと、「今回はテーマが見つからない」ということも時にはあるでしょう。そんな時には、上司側から「テーマ例」をレストランのメニューのように提示し、「この中で話してみたいことある?」などと訊いてみてもよいのではないでしょうか。具体的なテーマ例は、第5章、第6章、第7章で、それぞれの最後に記載していますので、ぜひご活用いただければと思います。

上層部が理解を示さない／取り組まない姿勢を見て、やる気を削がれている

会社の上層部が「我々はやる必要がない、社員だけ1on1ミーティングをやりなさい」という導入の仕方をすると、あまりうまくいきません。なぜなら、1on1にチャレンジした人たちがせっかく良い方向に変わり始めたとしても、上からの（例えば〝圧〟のある）コミュニケーションが変わらなければ、ポジションパワーによって元のコミュニケーションに戻っ

てしまうからです。最も影響力の大きいヒエラルキーのトップの理解、参加、協力姿勢なくして、決して定着はしないのです。

逆に、上層部がコミットして本気で取り組むと、1on1ミーティング研修はやりっぱなしにならず3～6か月後にフォロー研修を行ったり、毎月自主的な勉強会を行ったり、学んだメンバー同士で練習を行ったりして、全社にトレーナブルな空気が醸成されていきます。また半年に1回など、定期的に1on1を受けている社員にアンケートを行い、うまくいってい る事例の抽出、うまくいかないケースの改善策などデータを積み上げ、効果を上げている会社もあります。

これらは時間と根気を要することになりますが、その浸透による報酬は大きいものです。トップのコミット、これは1on1文化浸透の極めて大きな決め手となります。

第2章

自律型人財が育つコーチングと、3つのフェーズ

1　コーチングとは──ありがちな誤解

1 on 1ミーティングの定義をおさらいしておきましょう。

「上司とメンバーが1対1で定期的に行う対話である。通常は、1 on 1の中でコーチング、ティーチング、フィードバックなどを効果的に組み合わせて、メンバーの成長支援を目的として実施する」

ティーチング、フィードバックがどのようなものかは比較的イメージが湧きやすいでしょう。一方、コーチングは、よく耳にするものの具体的なところがよく分からないと言われることも多いので、ここで認識を共有させていただければと思います。

トレーニング（研修）という言葉がありますが、その語源はTrain（＝列車）です。長く連なっているものを引っ張っていく、そのことをトレインと言い、そこから列車となっています。したがって、トレーニングとは、大勢の人を予め定められた目的地に引っ張っていく、ということになります。

一方、コーチングの語源はCoach（＝乗り合い馬車）です。今で言うタクシーみたいなものでしょうか。つまり、好きな場所で拾い、好きなルートを行って、好きなところで降ろしてもらう。行き先がみな違います。電車とタクシーを使い分けるように、目的によって、トレーニングとコーチングを使い分けるということになります。

コーチングがタクシーみたいなものだとすれば、主役は誰でしょうか。もちろん運転手ではなく、乗客です。乗客が行きたい場所に、自力で歩いていくより速く遠くまで行くのを支援する。これがタクシーであり、コーチングです。したがって師弟や上司部下のような上下関係＝〝縦〟の関係ではなく、運賃をいただいて最大限協力する対等な関係＝〝横〟の関係ということになります。

ただしタクシーとコーチングには、ひとつ大きな違いもあります。タクシーの場合、乗客は行き先を予め知っています。一方、コーチングの場合は、クライアント（コーチングを受ける人）が、自分は本当はどこに行きたいのか、どうなりたいのか、どうしたいのか、気がついていないケースがとても多いのです。したがってコーチは、本人が本当はどこに行きたいのか、どうなりたいのか、どうしたいのか、目的地を見つけるところから手伝っていきます。「本当に行きたい！」という行き先が見つかれば、ワクワクしてモチベーションが上がります。そこで、速く遠くまで行けるよう支援する。これがコーチングの概要です。

2　コーチングが機能するのはなぜか

では、対話をすることで、なぜタクシーのようなことが実現できるのか。コーチングが起きる仕組みについて、順を追って解説していきます。

コーチングする人をコーチ、コーチングを受ける人をクライアントといいます。職場においては、通常、上司がコーチ、メンバーがクライアントとなります。タクシーでは乗客が主役でしたから、クライアント＝メンバーが主役ということになります。したがって、コーチングの際、基本的にはメンバーが話します。うまくいっている場合は、メンバーが7～8割話しています。一般的な面談と大きく異なる点です。それを、上司は聴きます。

普段、上司はメンバーから相談を受けると、どのようなリアクションをするでしょうか。アドバイスや指示をするはずです。それが必要な場面やメンバーが求めているケースも多いと思います。ただ、コーチング中はそれとは異なり、多くの場合、質問をします。

質問をされるとメンバーは何かを感じ、答えようと考えます。これがポイントです。アドバイスや指示ですと、基本的には言われた通りやろうとし、自分で感じたり考えたりするこ

図表 2-1　コーチングが機能する仕組み

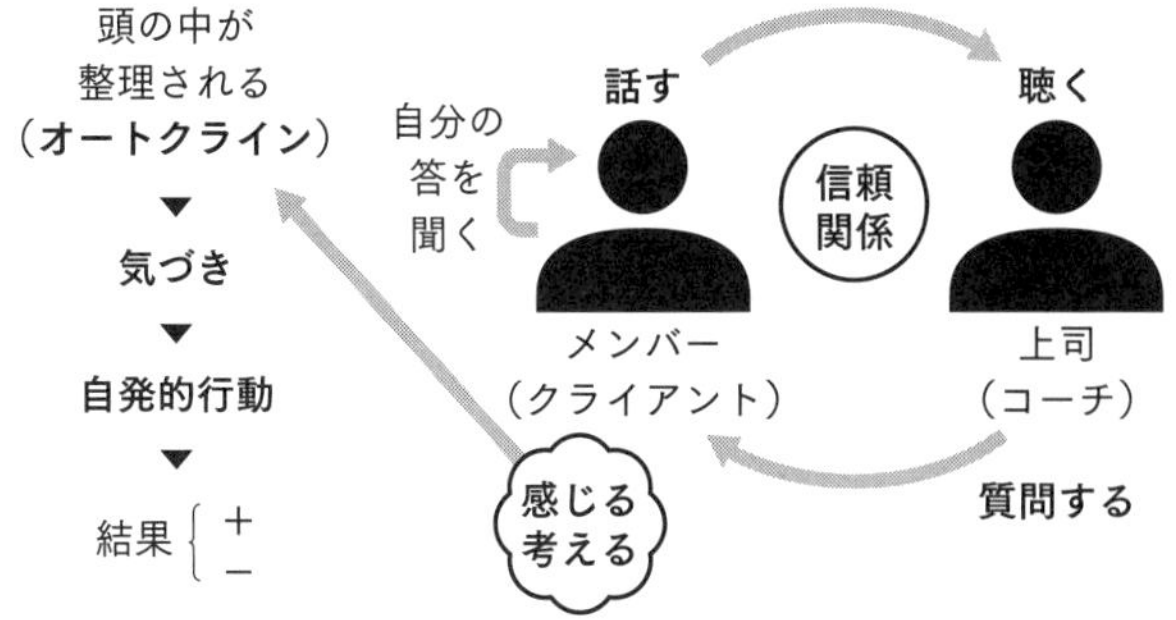

とは少ないのではないでしょうか。

　メンバーが答えると、上司はそれを聴きます。そしてもうひとつ重要なポイントは、答えたメンバー本人も、自分の答を自分の耳で聞くことになるという点です。そして、上司はそれを聴いたら、新しい質問をします。するとメンバーはまた感じ、考えます。答えて、自分の答を自分の耳で聞く。これらを何度も繰り返すわけです。

　あなたには、こんな経験がありませんか。1人で考えている時はモヤモヤして、なかなか出口が見つからないなと思っていたのに、よく話を聴いてくれる誰かにたくさん話しているうちに、だんだん頭が整理されてきたなという。人間にはそのような働きがあるのです。自分でアウトプットしたものを自分にインプットして、それで頭を整理していくので「オートクライン」といいます。

　そしてさらに話しているうちに、「あ、自分から相談しておいてなんですが、答が見つかりました！」となった経験もあるのではないでしょうか。そのことを「気づき」といいます。なんだ、本当は自分はこういうことを望んでいたのだ、本当はこうしたいのだ、など、自分の本当の想いに気がつきます。

自分で気がついたことは、基本的にグッドアイデアではないでしょうか。「そうだ、きっとうまくいく、やってみよう」と自分で気づいたことは、自分で動きたい。すなわち自発的な行動につながります。そして、動けば結果が出ます。素晴らしい結果が出る場合もあれば、思惑とは違ったという場合もあります。しかし思惑とは違う結果が出たとしても、自分で決めて行動したことは納得がいくのではないでしょうか。もっと改善してみようという意欲も湧いてきます。このような経験を人為的に起こしていく、それがコーチングです。

人材育成にコーチングがよいとよく言われますが、なぜでしょうか。どのような人材に育ってほしいですか。指示待ちで、やらされ感で動いて、結果に責任が取れないという人では困りますね。自ら感じ、考え、決断し、行動して、結果に責任が取れるような、いわゆる自律型の人材になってほしいはずです。上司がコーチ的に関わることで、メンバーは自律的な思考・行動習慣が身につく。だからコーチングがよいといわれるのです。

3　コーチングの本質は、自問自答である

本質的には何が起きているのでしょうか。確かに、これは対話です。ですが、実際には上司の質問はきっかけにはなっていますが、メンバーはそれを利用して感じ、考えて話して、自分の答を自分の耳で聞いて、頭を整理する。そして、そうか！と気づいて自ら動き、結果に責任を取っている。つまり、これはほとんど、メンバーが「自問自答している」ということになります。上司（コーチ）はそれを外側から支援しているのです。

我々人間は1日当たり2万回以上、自問自答を繰り返しているそうです。今日はどの服を着よう、何を食べよう、信号を今渡るかなど、全て自問自答です。そして、ほとんど全ての自問に対して答が見つかり、その通り行動して、結果については納得がいく。

しかし、たまには答えが見つからないこともあります。例えば、「親の介護をどうしよう……」。これも自問自答です。でも、すぐには答が見つかりません。気持ちのことを考えるとこうだし、体力のことを考えるとこうだし、お金のことを考えるとこうだし……。こちらを立てればあちらが立たないし、あちらを立てればこちらが立たない。そして、堂々巡りに

なります。自問自答の自問を全て自分で考え、全部自分で答えてみたものの、どの答も納得がいかない。だから、ループします。脱出する方法はただひとつ。新しい自問をどこからか仕入れてきて、それに自答してみて、「あっ」と気づくしかありません。

つまり、コーチがやっているのは、本人がしていない自問をニュートラルに提供して、本人がそれを使って自問自答し自らの答を見つけることを支援する、ということになります。「え？　自問自答だって？　ではメンバーが勝手なことを言い出したらどうするんですか？」という声が聞こえてきそうです。「そもそもコーチングというのは、上司が言わせたい答に気づかせるものではないんですか？」と。

筆者は新しい方と名刺交換をして、「お仕事は何を？」と訊かれ、「コーチをやっています」と答えると、「大変ですね、コーチって答を言っちゃいけないんでしょ。私、耐えられなくて言っちゃうんだよな〜」というようなことを、よく言われますが、それが一番多く聞かれる「誤解」なのです。実は、コーチは我慢していません。我慢強いから、ではありません。

稚拙な例で恐縮ですが、小学校の先生と児童の間で、こんな会話があったとします。

先生　「赤信号を渡ったらどうなると思う？」

児童　「危ないよ！」
先生　「そうだね。じゃあ赤信号はどうしたらいいと思う？」
児童　「赤信号は渡っちゃ駄目」
先生　「その通りだね」

これは先生が「赤信号を渡ったら駄目」ということを言わせています。したがって、これはコーチングではないということになります。では、なんでしょうか。これは、赤信号を渡ってはいけないということを教えるのが目的ですので、いわば質問型のティーチングとでも言うべきものです。質問形式で一度考えてもらったほうが覚えるだろうと思ってやっているもので、それが必要な場面はあると思います。ただ、コーチングとは異なります。コーチングの究極の目的は何か。前述した通り、自律型人財の育成です。自律型人財とは、言い方を変えると、上司がいなくても自ら感じ、考えて決断し、主体的に動いて、結果に責任が取れるような人、つまり、モチベーションが高いのです。先ほどのやり取りでモチベーションが上がるでしょうか。「よーし、赤信号は渡らないぞ！」とはならないはずです。「なるほど分かりました」と、ただ理解して終わりではないでしょうか。

4　「答はクライアントの中にある」の意味とは

メンバーが自問自答を自由にしていいとなると、上司が期待する答とは違うことを言う可能性があります。

コーチングには、「答はクライアントの中にある」という言葉があります。「答」とは何のことでしょうか。通常は、いわゆる「正解」、あるいは「最も合理的な方法」などを連想しそうです。もしそれらが「答」だとすると、「答はメンバーの中に必ずある」と言われたら、どう聞こえるでしょうか。「いや、あったり、なかったりしますよ」となります。経験していないことは答なんてないので、話がおかしくなるわけです。

つまりコーチングでいう「答」は、正解や合理的な方法のことではないということになります。では、何か。それは、「本人にとって価値ある答」です。それは他人や外にはない、本人の中にしかない、という意味です。したがって、それは会社や上司が期待する答とは違う可能性があります。しかし、本人にとって魅力や価値のある答でないと、自ら動きたい、どんな結果でも納得、改善したいなどとはなりません。

ということは、コーチングは、緊急性やリスクの高いことに使うツールではない、ということになります。第1章で述べた通り、緊急性の高い目標達成やリスクの高い問題解決など（第一象限）に対するアプローチは、ティーチング、アドバイス、指示などが有効です。一方、1on1ミーティングの中核スキルであるコーチングが効果を発揮するのは、信頼関係構築や成長支援などの第二象限です。したがって時間がありますので、メンバーが自分で決めて行動して、思うような結果が出なくても、またやり直すことができるのです。したがって**コーチングは、1回のセッションで物事を解決する目的のコミュニケーションではありません**。あっ！と気づいて行動して、うまくいった、いかなかったことを次のセッションでまたテーマにする。なぜうまくいったのか、何がうまくいかなかったのか、オートクラインを起こしながら整理する。その結果、また新たな気づきがあり、新しいチャレンジをし、学びとなる体験を重ねていく。すなわち、具体的経験→内省（オートクライン）→概念化（気づき）→チャレンジ（実践）の経験学習サイクルを回していくのです（図表2－2）。そうしてありたい姿に成長していくのを支援する。これが、コーチングの活用法です。

例えば、Aさんが優秀なのでリーダーに昇格し、初めてのメンバーがついたとします。Aさんはプレイヤーとしては優秀でしたが、メンバーを育てるのは初めてのため、なかなか思

図表2-2　経験学習サイクルを回す

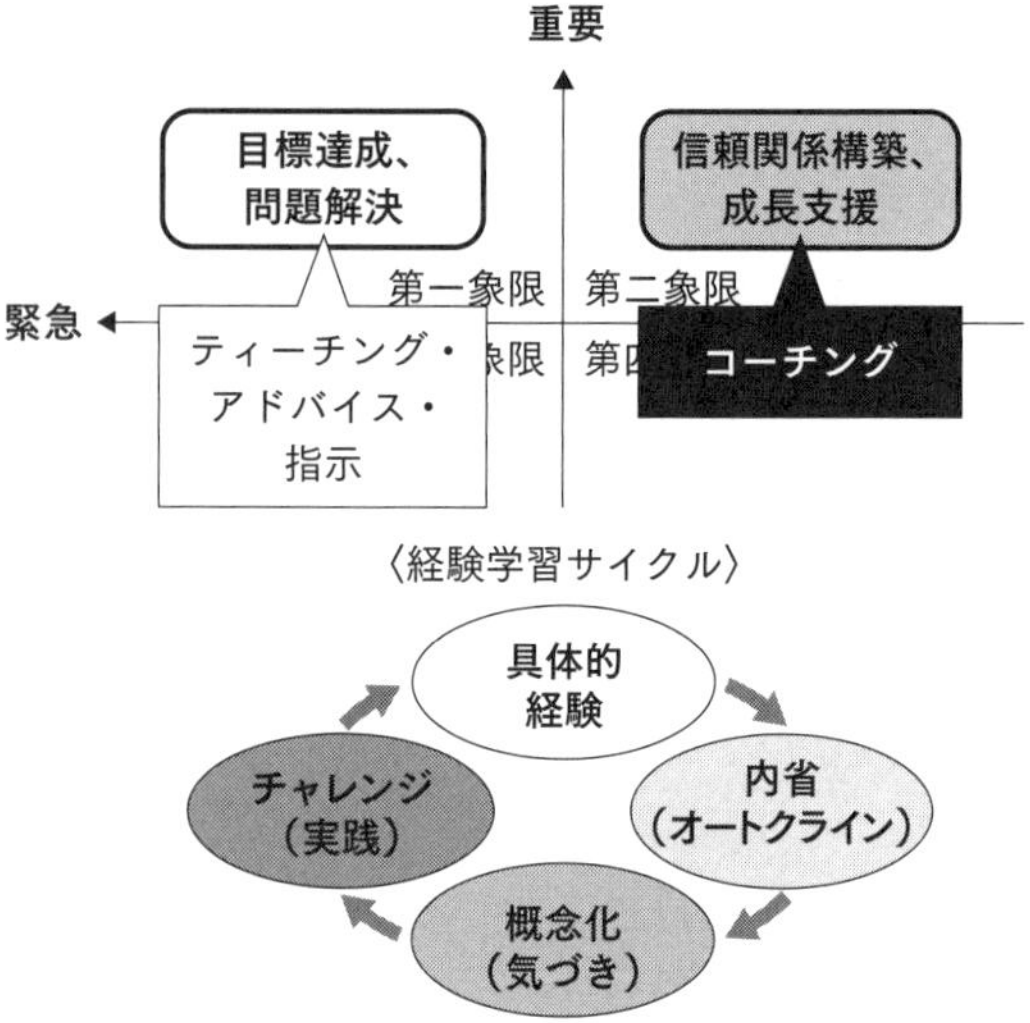

うようにいきません。そのことを、1on1ミーティングで上司に相談してきたとします。

「メンバーのBくんのモチベーションが低くて困っています。いろいろ考えてやっているのですが、うまくいかなくて…」

　以下に、コーチングを使わないパターン1と、コーチングを活用したパターン2を例として記しました。比べてみてください。

〈パターン１〉

優秀なAさんが困っている、助けなければと思い、思わずアドバイスします。

上　司「Aくん、なるほど、それは困ったね。まずな、人材育成の基本は聞くこと。Bくんの話をしっかり聞いてあげたほうがいいよ」

Aさん「はい、私もそう思って、けっこう辛抱強く聞いているつもりなんですが…」

上　司「聞いてる？　そうか…なら今度、福岡に出張だろう。お土産を買ってきたらどうだ。福岡は美味しいお菓子も多いし、お土産もらって嫌な人はいない。な？」

Aさん「はい…、ただ、モノで釣っても、根本的な解決にはならないような気がするんですが…」

上　司「そりゃあそうだが…、だったら飲み会でも開いたらどうだ。まずコミュニケーション、飲みニケーションで人間関係を作ってみたら。人間関係が基本だよ」

Aさん「あの、お言葉ですが、今は昭和ではなく令和です。無理に誘ったらハラスメントになるかも…」

上　司「でも、何か変えなければ、何も変わらないじゃないか！」

Aさん「分かりました。飲み会、やればいいんですね」
やらされ感で飲み会をやって、まったく盛り上がらず……
Aさん「飲み会やったけど、ダメでしたよ？」

〈パターン2〉

コーチングを使って、関わります。Aさんの話を聴き、質問などをする（スキルの詳細は後の章で記します）うちに、以下のようなやりとりになっていきました。

Aさん「…あの、いろいろ話しながら、頭が整理されてきました。自分はこういう考え方が違うような気がしてきました」
上　司「そうなんだね。では、本当はどんなふうならいいと思うの？」
Aさん「そうですね、本当はこのような考え方が大切だと思いました」
上　司「そうなんだね。では、何から始めたい？」
Aさん「そうですね、早速明日、Bくんにこんなふうに話しかけてみます」
上　司「おう、前向きなエネルギーを感じたよ。応援している。また聴かせてね」

Aさん「はい！」

＊　＊　＊

そして、次のセッション

Aさん「この前の件ですが、Bくんに翌日、話しかけてみました」

上　司「お！　やったんだね。どうだった？」

Aさん「はい、彼は驚いた様子を見せて、その後、表情が少し柔らかくなったような気はするんですが、まだまだモチベーションが上がったとは言えないと思います」

上　司「そうなんだね。ただ、変化は感じたんだね。何が起きていたんだろうね」

Aさん「そうですね、まず私がこう言ったらBくんが…」

こうして、Aさんはたくさん話します。

Aさん「今、話しながら思ったんですけど、Bくんの立場に立ったら、こんなふうに感じたのかも…」

上　司「そうなんだね。では、本当はどんなコミュニケーションが成立したら嬉しい？」

Aさん「そうですね、もっとこんな関わりが持てたらいいな、と感じました。早速、明日からやってみます！」

上　司「君ならできると思うよ。また聴かせてね」
Aさん「はい！」

いかがでしょうか。

パターン1は、上司が課題を解決しようとしています。したがって、〝正解〟や解決策を多く知っている上司がメインで提案することになりがちです。

一方、パターン2は、メンバー本人がその課題に向き合い、メインで話しています。話しながら気づいた内容を自ら実践し、そうすることでうまくいってもいかなくても結果が自分ごととなります。その結果についてまた話すことで経験学習サイクルを回し、自分らしく課題を乗り越えながら、徐々にありたい姿に近づいていくのです。リーダーシップに正解はなく、その人らしいリーダーシップを実践、実験しながら自ら見つけていくよりほかありません。このように、コーチングのテーマは、メンバー自身に関すること、悩みや課題、キャリアビジョンなどの「重要だが緊急ではないこと」が相応しい、ということになります。

コーチングを第一象限（重要かつ緊急なこと）に無理に適用すると、〝正解〟が決まっているため、誘導尋問や詰問が行われることになります。圧力的になりがちで、メンバーはコーチングに嫌悪感を抱き、上司も「コーチングなど、まどろっこしい」とストレスを感じることになります。これが、よくある誤解なのです。〝正解〟ばかり求めることで堂々巡りをするのではなく、メンバーの「失敗による学び」＝経験学習サイクルこそコーチングの醍醐味と大らかに捉え、のびのびしたチャレンジを応援してはいかがでしょうか。

5　すぐに答が返ってこなかったら？

即答するのは良いことか

ところで、こんなふうに言われることがあります。

「でも、私のメンバーは深いことなど何も考えていないから、質問しても答なんか何も返ってきませんよ」

私たちは、上司や先生に質問されたら即答するのがよいと、昔から鍛えられてこなかったでしょうか。そして、その即答すべき答とは何でしょうか。いわゆる出題者が期待する、言わせたい答、〝正解〟だったように思います。それを速やかに言えると「君は優秀だね」と言われるので、こうした能力を鍛えに鍛えてきました。しかし、もしコーチングの場面で即答するようであれば、それはおそらくあまり効果的な質問ではなかった可能性があります。

なぜでしょうか。即答したということは、もともと頭にあったことを報告したことと変わりません。あるいは、出題者の意図を速やかに察したのです。すなわち、自身にとって価値ある答をじっくり自問自答して、「あ！ これだ！」と気づいた答とは異なります。したがって、主体的に行動したり、その結果を自分ごととして受け止め学びにしたりするようなことにはなりません。コーチングが機能していないのです。

逆に、「ええ？ その観点では考えてなかった。自分にとって、何が答だろう？」と考え出したら、良い質問である可能性があります。

例えば、親の介護をどうしよう、堂々巡りで答が出ないという時に、コーチが「もし、先に亡くなった天国のお父さんがここにいたとしたら、一番望むことはどんなことでしょう？」と質問します。「天国のお父さんですか？……何を望むんだろう？」と深く考え出したら、効果的な質問である可能性があります。それで本人にとって価値ある答に辿りつくかは分かりませんが、少なくとも本人がしていなかった新しい自問自答が回り出したのです。

つまり、コーチングの質問は即答しなくてよい、じっくり感じ、考えてもらえばよいということになります。

すると、「この1on1の時間内に答が出なかったらどうする?」という声が聞こえてきそうです。

結論は、間に合わなくてもよい、ということになります。なぜなら、脳には「答が出ていないことは、他のことをやっていても、潜在意識で考え続ける」という性質があるからです。時間切れになり、仕事に戻ったとして、親の介護のことを一生忘れる、ということはあり得ません。「天国のお父さんが一番望むことは何?」という質問も、心に刺さったままです。そして3日後の夜、ゆっくり湯船に浸かっている時に、「あ! そう言えばお父さん、魚釣りに行った時にこう言っていた。ああ、私もその答がいい。そうしよう!」と気づいてもいいわけです。

第二象限のテーマですから、例えば今後のキャリアを考えたいとなった時に、そのキャリアプランが15分や30分の1on1ミーティングで明らかになるでしょうか。なったとしたら、それは元々ある程度考えていたか、内容も魅力も薄いプランということになりそうです。

日頃の接し方でも効果は違ってくる

ところで、上司側が、「コーチングでは、どんな答でもよいし、即答しなくてよいし、今日答が見つからなくてもいいんだよ」と、そのつもりで伝えたとして、メンバーはどう感じるでしょうか。上司に質問されて、「えー？　何を言わせたいんだ？　正解は何？　的外れなことを言って、評価が下がったらどうしよう」などということになりますと、「すみません、質問しないでもらっていいですか？　言われた通りやりますから」となって、コーチングがまったく機能しない、ということになります。

つまり、上司とメンバーの間の信頼関係、メンバーが何を言っても一切ジャッジされない、否定されない、立場が悪くならないという安心・安全・ポジティブな保証がない限り、どんなに良い質問をしても、コーチングは機能しないということになります。これが職場でコーチングを行う際の難しいポイントです。

メンバーからすると、非常に矛盾しているわけです。評価者なのに、ジャッジしないという矛盾。こちらがそのつもりでも、メンバーが信用してくれるかどうかという問題を乗り越えなければなりません。そうでなければ、模範生的に上司に気を遣った答を言う、その場をしのぐ予定調和な答を言う、あるいは無言、などという状況が起こります。お互いにとって無駄な時間で、不幸です。

また、普段はけっこう高圧的なコミュニケーションをとっておいて、コーチングの時だけ

「今日は何を言っても大丈夫だよ」と言われても、それも無理。「無礼講ほど怖いものはない！」のです。したがって、「普段から」いかに心を開いてもらえるようなコミュニケーションをするか、すなわち関係の質を作るか。そしてさらに1on1ミーティングの時には、本当に安心して話せる環境が作れるか。これらが鶏と卵の関係のように双方で影響し合って、メンバーにとっての心理的安全性が成立し、その上で相手の自問自答を促す効果的な質問ができる。それでようやくコーチングが機能する、ということになります。

逆に、心理的安全性が成立する前に本質的な質問をすると、メンバーに嫌悪感やプレッシャーを与え、逆効果になりかねません。コーチングが機能するのは、メンバーが安心して、大いに自問自答に没頭できる環境が前提であるということを決して忘れてはなりません。それまではコーチングしないことが大切です。

では、評価者である上司が、メンバーと、本当に安心して本音で相談できる信頼関係を作れるのでしょうか。唐突な質問をしますが、あなたには恩師はいらっしゃいますか？　上司、元上司、学校の先生、部活の顧問など、その方に安心して本音で相談できたとしたら、前述の問いに対する答は「イエス」となります。なぜなら、その人たちもあなたの評価者だったからです。もともとできている第一象限の関わりに加え、コーチングというツールを手に入れることで第二象限の関わりもできたとしたらいかがでしょうか。課題を解決すること も、人を動かすこともできる、〝二刀流〟になれるのです。

6 自律型人財を育てる3つのフェーズ

第1章で説明したように、成功循環モデルのグッドサイクルは関係の質がスタートでした。そして、コーチングは心理的安全性なくして成立しません。そこで、メンバーが自律型人財に育つために意識すると良いステップを、以下の3つのフェーズにまとめました。

第1フェーズ：心理的安全性（安心感）の醸成
第2フェーズ：動機づけられる、頑張る理由を見つける
第3フェーズ：気づき、チャレンジする

第1フェーズ：心理的安全性（安心感）の醸成

最初に心理的安全性の醸成が必要であることは、これまで再三述べてきました。
クライアントとの間に深い信頼関係があり、安心して感情の交流を行うことができる、何

でも本音が話せる心理状態にあることを「ラポール（Rapport）が築かれている」と言います。人間は感情の生き物です。何を伝えるか、質問するかの前に、「誰が」それを言うか、ラポールが築かれている相手かが、メンバーにとって大切です。心から安心できていなければ、「不利な状況にならないだろうか」「信用を失わないだろうか」「怒られないだろうか」などに意識がいってしまい、上司の言わんとしている言葉が、仮にそれがメンバーのための言葉だったとしても、真っ直ぐに心まで届きません。

頑なに心を閉ざしてしまっているメンバーや、関係が冷え切っている相手もいるかもしれません。そのような相手に対しても、私たちがどうあればよいか、どんな関わりができるか、一緒に考え、チャレンジしていきましょう。

第２フェーズ：動機づけられる、頑張る理由を見つける

心のガードが下がったら、次に必要なのはメンバーが動機づけられること、頑張る理由を見つけることです。人はそうした方がいいと頭で分かっていても（例：期末テスト前だから勉強した方がいいと頭では分かっていても）、必ずそうするとは限りません。モチベートされていなければ、主体的には動かないのです。

図表 2-3　自律型人財を育てる 3 つのフェーズ

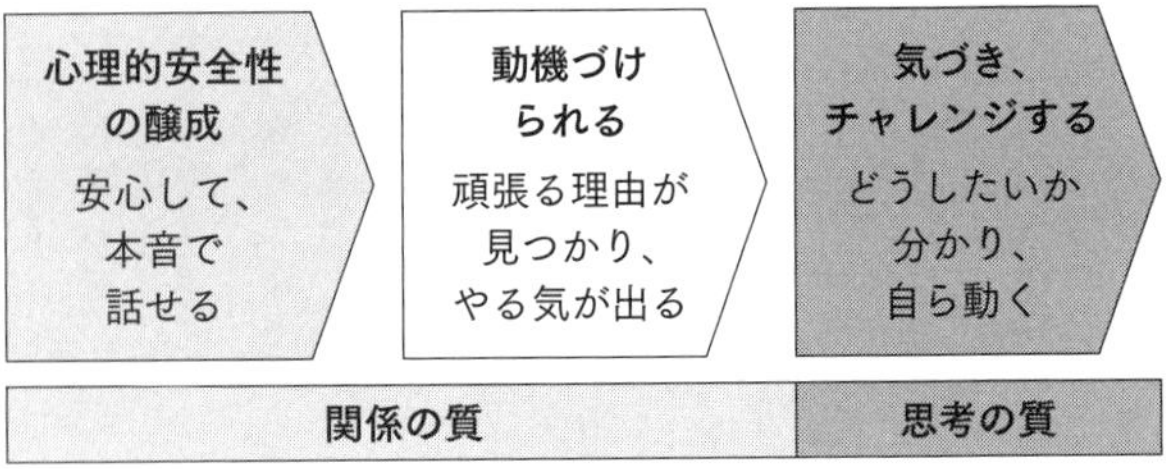

ラポールを前提としたモチベートですから、ひどい目に遭いたくないから動くというものではなく、ワクワクして動きたいから動く、という方向性です。何のために動くのか、それをすることで自分にとってどんな価値があるのか、しかもそれが楽しい！ということになれば、主体的でパワフルなエネルギーが継続的に出てくることでしょう。

第3フェーズ：気づき、チャレンジする

気づき、チャレンジするフェーズです。第1、第2フェーズが満たされていれば、リーダーシップを持って、主体的に成長や成功に向けて、挑戦することができます。コーチングやティーチング、フィードバックによる効果が目覚ましく現れ、成長速度が一気に増します。

フェーズごとに最適なあり方や関わり方を、次章以降で詳しくお伝えしていきます。

第3章

第1フェーズ：心から安心して本音を話し合える関係性を構築する――1 あり方編

1　なぜ、心を開けないのか

第1フェーズである心理的安全性（安心感）、すなわちラポールを構築することについて、具体的に考えていきましょう。本音を話し合える関係でない場合、なぜそうなっているのでしょうか。

前述したように、メンバーが上司に対し以下のように感じていたら、なかなか心を開くのは難しいでしょう。

- 本音を話したら、不利な状況になるかもしれない
- 本当の自分を知られたら、評価が下がったり、信用を失ったりしないだろうか
- 本心を話したら、怒られないだろうか

そのような恐れは、メンバーが優等生的に直近の業務の話をしたり、表面的な回答をしたりといった反応につながりがちです。また、上司のことを良く思っていない、関係が冷え切っている、あるいは職場で良い人間関係を構築できた経験がない、という人も、頑なに本音を話さないかもしれません。

逆に、上司の側から心を開けない、開きたくないというケースもあります。第2章でも述べましたが、メンバーのことを、例えば以下のように感じている場合です。

- 不満ばかりで、他責だ
- 真剣さややる気が感じられない、同じ間違いを繰り返す
- 主体性が感じられず、指示待ちだ
- 新たなことや立場へのチャレンジの気概が感じられない
- 自分の仕事だけできればよいと思い、会社や仲間へのロイヤリティが感じられない

そのようなメンバーに共感できず、責める気持ちが出てきてしまうのです。

このような状態から信頼関係を構築していく時、表面的にスキルでなんとかできるでしょうか。人間は感情の生き物です。小手先のやり方などでは不可能といえます。

2　あなたはどんな人に対し、警戒し、また安心しましたか？

あなたはこれまでの人生で出会った上司や先生などで、どんな人を警戒しましたか？

- 自分の保身のためには平気で相手を不利な状況にしかねない人

- 業績マシーンのように冷徹にジャッジし、すぐに見捨てる人
- 今のうまくいっていない状況だけを見て、将来伸びる可能性を信じてくれない人
- 非効率や無駄話を決して許さない人
- こちらの事情に興味を示さず、話を聞いてくれない人
- 一方的で、頑なに自分の意見や価値観を曲げず、押しつけてくる人
- 高圧的で短気、感情を爆発させ恐怖を与える人
- 愛情が薄い感じがする人
- のらりくらりと無責任な人
- 常に勝ち負けにこだわり、目下の人までライバル視し、簡単に認めてくれない人
- 自分には甘く決して謝らないのに、他人の失敗には非常に厳しい人
- 卑屈でネガティブな人
- 心を閉ざしていて、本音を話してくれない人
- 決して弱いところを見せない、常に完璧であろうとする人
- 向こうが立場は上とはいえ、こちらが年上なのに失礼な口のきき方をしてくる年下の人

などでしょうか。まだありますか？（笑）

逆に、あなたはどんな人に心を許しましたか？

- 業績を上げる駒としてではなく、1人の人間として気遣い、大切にしてくれる人
- 小さな成長や変化に気づいてくれ、結果だけでなくプロセスも認めてくれる人
- 自分や他人と、決して比較しない人
- 本音や弱音を話しても、自分への信頼や親しみは一切変わることがなく、ましてや梯子《はしご》を外すことなど決してしない人
- 一度の失敗でいきなりダメという烙印を押すことなく、成長を信じて、再チャレンジの機会をくれる人
- いつも大きな包容力で温かく対応してくれる人
- こちらの話をまずは聴いてくれ、良かれと思ってやったことは理解してくれる人
- こちらの考えの方が客観的に価値ありと思ったら、柔軟に自分の意見を変え、採用してくれる人
- こちらが悪い場合でも、一方的に責めたり、感情的に怒ったりしない人
- 相手が、年下だが立場が上だった場合、こちらを年上として尊敬、尊重してくれ、嫌味なく気を遣ってくれる人

●こちらがかなりの歳下だった場合でも、バカにしたり決めつけたりせず、まずは話を聴いてくれるなど対等に接してくれる人
●仲間や切磋琢磨する健全なライバルとして、気持ちの良い接し方をしてくれる人
●仮に自分の立場が悪くなる場合でも、保身に走らず筋を通し、謝ったり責任を取ってくれたりする人
●苦しい状況でも肯定面や可能性を見出し、前向きに建設的に考え行動する人
●夢や目標を持ち、チャレンジしている人
●失敗談や弱音なども脚色せずに正直に話してくれ、本音で接してくれる人

などでしょうか。

私たちは、人がどんな人に警戒心を抱き、逆にどんな人に心を開くかをすでに知っています。私たち自身が、相手が心を許したくなる存在であろうとすることが大切です。そのあり方ができないと何も始まらないという意味ではなく、あり方を後回しにしては、何をやっても変化は訪れないという意味です。そこにチャレンジしている上司の姿を見て、メンバーたちは何かを感じるのではないでしょうか。

3　コミュニケーションは、言葉のみにあらず

誰かと対面で話している時、私たちは相手から「視覚」「聴覚」「言語」の3種類の情報を同時に受け取っています。視覚情報とは、見た目や姿勢、ボディランゲージ、表情などのことです。聴覚情報とは、声色や大きさ、速さ、口調などのことを意味します。言語情報とは、言葉の意味や話の内容のことです。

これら3つの情報から、仮に矛盾したメッセージが発せられた場合、我々はどの情報をどれくらい重視して受け止めるのでしょうか。例えば、メンバーが「がんばります」という言葉をうつむき加減、うつろな目で弱々しく発したらどう感じるでしょうか。本心は違うのではないか、頑張らないのではないかなどと感じそうです。

アメリカの心理学者アルバート・メラビアンは、「視覚・聴覚・言語」が示す情報が矛盾する状況で表現された場合、受け手はどの情報を優先して受け止め、話者の感情や本心を判断するのかということについて、実験を行いました。人が重視するのは視覚情報55%、聴覚情報38%、そして言語情報7%という結果でした。つまり、私たちは「何を言ったか」より、

図表 3-1　メラビアンの法則

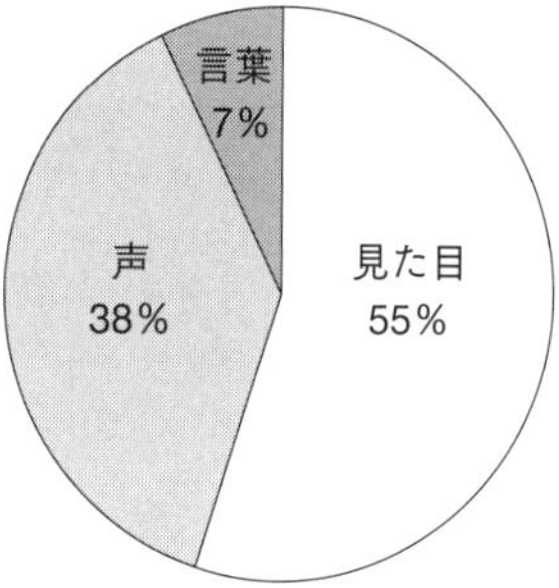

どんな見た目、話し方だったかで相手に判断されるということになります。

良い見え方、話し方になるようコントロールしましょう、というのではありません。一時的には意識できても、ずっと意識しアウトプットし続けることは簡単ではないからです。そうではなく「人の本心は、見た目や話し方に現れる」ということを、人間は本能的に知っているのでは、ということです。つまり、思っていないことは言わない、できるだけ心からの言葉を表現するということを、強くお勧めします。

4　人が親しみを感じるのは、回数と人間的側面から

「A課長は正しいことを言うけど、できれば従いたくない」

「B課長の言うことはよく分からないこともあるけど、憎めないし、何だか応援したくな

る」

などと思うことはありませんか。人間は理屈ではなく、〝感情の生き物〟なのです。人の感情、信頼関係構築に関し、知っておくとよい法則があります。「ザイアンス熟知性の法則」です。これは以下の3つからなっています。

(1) 人間は知らない人には、攻撃的で冷淡な対応をする。
(2) 人間は会えば会うほど、その人に好意を持つようになる。
(3) 人間は相手の人間的側面を知ると、より強く好意を持つようになる。

第1、第2法則から分かるのは、人は接触の回数や頻度が増えることによって、相手に好意を持つようになるということです。

例えば、以下の2人の課長を比べてみましょう。

- A課長は月曜日に30分メンバーと面談をしたので、火～金曜は特にコミュニケーションを取らなかった
- B課長は毎日メンバーと5～6分話し、1週間で30分のコミュニケーションを取った

1週間で30分のコミュニケーションを取ったのは両課長とも同じです。しかし、第1、第2法則からB課長の方がより好意を持たれるということになります。

また、第3法則「相手の人間的側面を知る」とは、仕事以外の話も交わすという意味です。もし私たちが上司から、毎朝「今日の目標は？」と訊かれ、昼には「進捗は？」と確認され、夕方には「結果は？」とチェックされるコミュニケーションのみを毎日繰り返されたら、どのような気持ちになるでしょうか。おそらく、自分は組織の歯車や駒なのだというような気分になり、上司との間に壁を感じるのではないでしょうか。これが延々続くと、最後には退職すらしたくなるかもしれません。

逆に、上司の意外なプライベートの様子が垣間見える（強面なのに、娘さんにはメロメロなど）、あるいはメンバーの趣味の話に関心を持つ（大人しい感じだが、実はボクシングをやっているなど）ことがあれば、上司との人間的なつながりや親しみを感じ、心を開きたくなる。人間とはそうしたものですね。

「人が親しみを感じるのは、回数と人間的側面から」

これを覚えておくことで、日頃のメンバーとの関わり方のひとつの指針になります。

そして、1on1ミーティングは、定期的に行われ、メンバーが話したければプライベートなことも話題にできるので、「ザイアンス熟知性の法則を体現する最適なツールである」ともいえるのではないでしょうか。関係の質を高める最適な手段のひとつであると。

5　上司の自己開示で、横の関係を築く

メンバーが上司に本音で話せるのは、先に上司がメンバーに本音を明かしているからです。メンバーが不安を正直に話せるのは、上司が弱みを見せているからではないでしょうか。「上司も自分と同じなんだ」「上司が本音や弱音を話すなら、私も話していいのかな」と安心するからです。

特に、「かつて自分も（メンバーと）同じような失敗をしたことがある」「昔はうまくいかなかったが、こんなやり方でそれを何とか乗り越えることができた」「今もこんな不安はあるが、しっかり向き合っている」などの話は、「上司も自分と同じように苦しみ、戦い、乗り越えているんだ」と感動や信頼感を生み、メンバーを勇気づけることにつながります。

立場が上の自分が弱みなど見せられない、隙を見せたらナメられるなどと〝縦〟の関係に縛られるのではなく、同じ不完全な人間、愛すべき存在なのだと、話せる範囲で自己を開示し、〝横〟の関係を認め合えること。その器の大きなあり方こそ、言外にメンバーに伝わる力強いリーダーシップ、すなわち影響力となります。

6　上司の心の状態が全てのベース

「相手は自分の鏡」という言葉があるように、上司の心の状態が、面白いようにメンバーの心の状態に影響します。

「どうしてこのメンバーはいつも他責なんだ」と上司が思えば、メンバーは「どうして何度言っても分かってくれないんだ」などとなりますし、「本当にこのメンバーは根性がないし、打たれ弱い」と上司が思えば、メンバーは「本当にこの上司は高圧的で、人の気持ちが分からない」などとなります。「メンバーがどうしても変わってくれない」と上司が思えば、そのままメンバーは「上司がどうしても変わってくれない」と思うでしょう。

「どうしてこのメンバーはそう考えるんだろう？　まず話を聴きたい」と上司が心を開けば、メンバーは「私がどうしてこう考えるか、まず聴いてほしい」と心を開きますし、「昔は自分もそんな時代があった。一生懸命やってはいるのだろう」と上司が信頼すれば、メンバーは「何とかしたい、何とか期待に応えたい」と応じることでしょう。

　また上司自身に嫌なことがあったり切羽詰まっていたりすると、前述したメラビアンの法則でそれが表情や声に現れ、メンバーも反応して硬くなったり余裕がなくなったりします。

つまり、**1on1ミーティングをする時、上司は心身ともにできるだけ良質なコンディションで臨み、メンバーを信じ、応援し、話を聴く姿勢でいることが全てのベース**になります。

ただ、いつも良いコンディションでいることは容易ではないかもしれません。したがって、少なくとも1on1ミーティングが始まる5分くらい前には一旦仕事の手を止め、心身ともに整える体勢に入ることをお勧めします。「1on1ミーティングは、5分前から始まっているのだ」という意識と取り組みが、1on1の質に大きく影響します。プロのコーチもそうしているのです。

7 オリエンテーションを大切にする

第1章で述べたように、オリエンテーション、すなわち1on1ミーティングの目的の共有が不十分で、一般的な面談と混同している場合も、メンバーが心を閉ざすことにつながります。上司がメンバーの問題を解決しようと自身の答へ誘導したり、結果ばかりにフォーカスして学びや気づきを引き出さなかったりすると、「忙しいのにこの時間は、一体何の意味があるんだ」と、メンバーに不信感ややらされ感が生まれます。

1on1ミーティングの、メンバーにとってのメリットは何か、上司や会社、社会における価値は何か、そのために上司はどんなスタンスで臨み、部下はどんな心づもりで参加すればよいのかなど、1on1の目的をしっかりメンバーと共有する。その結果、メンバーから「1on1ミーティングは本当に重要ですね。我々にとってすごくありがたい時間ですね！」と前向きな参加への意思表示が生まれます。オリエンテーションでそうなるまでは1on1を始めないという心構えがあると、結果的にむしろ早く信頼関係が構築できるのです。

第4章

第1フェーズ：心から安心して本音を話し合える関係性を構築する——2 ソーシャルスタイル編

1　ソーシャルスタイルの意義

第1フェーズ、ラポールを構築するのに、ソーシャルスタイルの活用も大変有効です。ソーシャルスタイルとは、1968年にアメリカの産業心理学者デビッド・メリル氏が提唱したコミュニケーション理論で、多くの企業でグローバルに採り入れられています。

人間にはA、B、O、ABと4つの血液型がありますが、これらに優劣はなく、ただ違いがあるだけですね。同様に、人の行動の傾向、コミュニケーションの取り方にも4タイプあるというのです。もちろん様々な人がいますので、きれいに単純に4つに分けられたりはしませんが、大まかな傾向を知っておくことの価値は、決して小さいものではありません。

自分のタイプを知り、相手のタイプを知ることで、「こんなに、大事にしていることが違うんだ」と気づけます。これまでメンバーの言動に対し、「なぜ？」と思っていたことが、タイプの違いに起因することだった場合、ストレスを大きく減らすことにもつながります。

お互いの行動傾向を知ることで、相手が喜ぶコミュニケーションを選択することができますし、相手が嫌がるコミュニケーションを避けることができます。そのように普段からお互いに尊重し合うことによってコミュニケーションが円滑になり、信頼関係が深まりやすくなります。必然的に1on1ミーティングの精度も上がってきます。

ソーシャルスタイル理論は営業、友人関係、子育てなど、全ての人間関係に活用できますので、ぜひ〝一生もの〟としてマスターされることをお勧めします。

2　ソーシャルスタイル、4つのタイプの行動傾向

ソーシャルスタイルは「感情表現」と「自己主張」の2軸、それぞれの強弱によって、図表4－1のように4つのタイプに分けられます。これらは「職務としていつもやっていますよ」「そうできますよ」など、果たすべき責任や能力で判断するのではなく、役割などの制約が一切なかったら、本当はどうするのが好きか、素の自分はどうかなど、慎重に判断すると、より正確に自身やメンバーの特徴を把握することができます（章末に、ソーシャルスタイルを判定する質問集を用意しています）。

4つのタイプを、ドライビング、エクスプレッシブ、エミアブル、アナリティカルといいます。前述したように、きれいに4つのどれかとは決められず、誰もが実際には、他の特徴

図表4-1　ソーシャルスタイル

	感情をあまり表に出さない、課題や論理が大事		
慎重な物言いをしたい、後方、じっくりが好き	アナリティカル（Analytical）	ドライビング（Driving）	ストレートに自己主張したい、前方、スピーディーが好き
	キチッとした論理、筋を通し、完璧なプロセスを踏みたい	最高の結果を、スピーディーに出したい	
	エミアブル（Amiable）	エクスプレッシブ（Expressive）	
	皆と仲良くしたい、調和を保ちたい	人と違う特別な、輝いている自分でいたい、表現し認められたい	
	感情を豊かに表現する、気持ちや人間関係が大事		

と幾分かミックスになっていますが、説明を分かりやすくするために、ここでは純度100%のように記します。例えば、ドライビングの話をする時には、ドライビング100%、他の3つの性質は0%のような前提で書きますので、「そこまではないよ」と感じるかもしれません。「その特徴が傾向として強いな」「他のタイプの特徴もあるな」のように、柔軟に理解し、活用いただければ幸いです。

3　各タイプの共通点と相違点

図表４－１の、各タイプの配置が大切です。なぜなら、「左右」「上下」といった隣同士のタイプには共通点があるからです。隣のタイプの気持ちは半分くらい分かります。逆に言うと、対角のタイプの人の気持ちはちょっとよく分からない、ということになります。

まず、上の２つのタイプ、ドライビングとアナリティカルには共通点があります。「感情をあまり表に出さず、基本的には課題や仕事、論理に関心がある」という点です。逆に、下の２つのタイプ、エクスプレッシブとエミアブルの共通点は、「感情を豊かに表現しがちで、基本的には気持ちや人間関係に関心がある」というものです。良い、悪いではなく、いわば好みの違いです。

上のドライビングとアナリティカルは基本的に課題や論理に関心がありますので、無駄話が少ない傾向にあります。どちらかというとストレートに本題に入りたい。そして仕事中は喜怒哀楽をあまり表さず、結果としてポーカーフェイス気味の人が多い傾向にあります。

逆に、下のエクスプレッシブとエミアブルは、基本的に気持ちや人間関係に関心がありますので、雑談やアイスブレイクを大切にしたいと思う傾向があります。表情筋を動かして、喜怒哀楽を豊かに表現しがちです。

したがって、上司とメンバーのタイプが図表の上下に分かれていると、よかれと思ってやったことが、逆効果になることがあります。例えば、ドライビングかアナリティカルに上司がいて、エクスプレッシブかエミアブルにメンバーがいる場合、「メンバーのEさん、頑張っているな、頑張っているからそっとしておこう」と思います。自分たちが邪魔されたくない、仕事に集中、没頭したいタイプだからです。エクスプレッシブかエミアブルのメンバーがそうされますと、「暗い職場だな」「寂しい」などの思いが生じ、むしろ壁を感じ、モチベーションが下がる可能性があります。

一方、エクスプレッシブかエミアブルに上司がいて、ドライビングかアナリティカルにメンバーがいる場合、「メンバーのDさん、頑張っているな、頑張っているから声をかけよう」と思い、「お！　今日も素敵な柄のシャツだね！　さすが、センスいいね～」などと声をかけるかもしれません。自分たちが仕事以外のことで声をかけられると、大切にされていると感じ、気分が良くなるからです。しかし、ドライビング、アナリティカルの人は「集中したいのに、用もないのになぜ話しかけるんだ」などと、むしろストレスを感じるかもしれません。

良い悪いではなく、相手の好みを知っておかないと、よかれと思ってやったことが逆効果になる。自分と相手の違いを知っておかなくてはいけないということになります。

ところで、ドライビングとアナリティカルは前述の通り課題や論理に関心が高い点は共通していますが、違いは何でしょうか。ドライビングの人が最も関心があるのは、課題の中でも圧倒的な「結果」です。一方、アナリティカルの人にとって一番重要なことは、きちっとした「プロセスや論理、根拠」です。したがって、ドライビングの人は、素晴らしい結果が出れば、プロセスに多少偶然などが入っていてもそれほど気になりません。一方、アナリティカルの人はきちっとしたプロセスの上での結果でないと、「こんな結果、いくら良くても偶然に過ぎない」と、納得しない傾向にあります。したがって、両者の違いは、主な興味の対象が「結果」か「プロセス」か、ということになります。

エクスプレッシブとエミアブルは、感情、人間関係に関心が高いことは共通していますが、それらの違いは何でしょうか。エクスプレッシブの人が最も関心があるのは、「自分自身が特別で、輝いていること」です。一方、エミアブルの人にとって一番大事なことは、「皆の和」です。自分だけにスポットライトが当たるよりは、チームが褒められたり、自身のサポートを喜んでもらえたりすると嬉しくなる傾向があります。したがって、両者の違いは、主な興味の対象が「自分」か「皆の和」か、ということになります。

一方、右の2タイプであるドライビングとエクスプレッシブ、左の2タイプであるとエミアブルとアナリティカルも、それぞれ似ているところがあります。

右の2タイプ、ドライビングとエクスプレッシブの共通点は、心に主張したいことがある時、基本的にはストレートに言いたい、ということです。婉曲的な表現や、言わないという選択はストレスがたまります。ストレートに言いたいので、人前に出ることを好みます。そして、事をスピーディーに運ぶのが好き、という傾向があります。つまり、右の2タイプは、「ストレート、前方、スピーディー」がキーワードです。

左の2タイプ、エミアブルとアナリティカルの共通点は先ほどと逆で、心に主張したいことがあっても、慎重な物言いをしたい、場合によっては言わないという選択もあり、ということになります。したがってどちらかというと、後方にいて、じっくり仕事をする方が好き、という傾向があります。つまり、「慎重、後方、じっくり」がキーワードです。

したがって、右側のドライビングやエクスプレッシブの上司が、左側のエミアブルやアナリティカルのメンバーに「もっと白黒はっきり言って！」「早く！」などと言うと、プレッシャーやストレスを与えることになります。逆もしかりで、左側のエミアブルやアナリティカルの上司が、右側のドライビングやエクスプレッシブのメンバーに、「もっと慎重な物言いをしてくれないと…」「もっとじっくり落ち着いて」などと言い過ぎると、メンバーにストレスがたまり、強みや良さを発揮できなくなるかもしれません。

やはり、良い悪いではなく、相手の好みを知っておかないと、よかれと思ってやったことが逆効果になる、違いを知っておかなくてはならないということになります。

ところで、右側の2タイプ、ドライビングとエクスプレッシブは、ストレート、前方、スピーディーが共通点ですが、違いはそのような言動をする「理由」です。ドライビングの人にとって一番重要なことは、「圧倒的な結果をスピーディーに出すこと」です。そのためには、目的・目標に向かって一直線、最も効率的な方法を編み出し、そこに向かってストレートにストイックに行動し、高い結果を出し続ける。自分のやり方でやらないと遅くなり、望む結果も出ないかもしれないので、人前に出てはっきり主張します。したがって、ストレート、前方、スピーディーです。

一方で、エクスプレッシブの人にとって最も大事なことは、「人と違う特別な、輝いている自分を表現すること」です。そのためには、人前に出てストレートに自己を表現し、注目を集めます。人と違う様々なアイディアがすごいスピードで閃き、即行動します。したがって、ストレート、前方、スピーディーです。右側の2タイプの行動傾向はよく似ていますが、そうする理由が異なるのです。

左の2タイプ、エミアブルとアナリティカルは、慎重、後方、じっくりが共通点ですが、やはり違いはそのような言動をする理由です。エミアブルの人にとって一番大切なことは、「皆の和」です。そのために、後方からじっくり全体を見て、「皆、楽しんでいるかな」「誰も悲しんでいないかな」と平和、調和を作り保つために、慎重な物言いをします。したがって、慎重、後方、じっくりです。

一方で、アナリティカルの人にとって重要視したいことは、「きちっと論理、筋が通っていること、プロセスも含め完璧で間違いがないこと」です。分析中は、うかつなことやいい加減なことは言いたくない。後方で慎重に、前後左右間違いないことをじっくり確認してからものを言いたい。したがって、慎重、後方、じっくりです。左側の2タイプの行動傾向はよく似ていますが、そうする理由が異なるのです。

4　各タイプの詳細と、望ましい関係性とは

以上のことから、それぞれのタイプを詳細に記したものが、図表４－２となります。全てのタイプに、プロ野球の名監督も大物お笑い芸人も成功した経営者もいます。すなわち、どのタイプが良い、悪いではなく、その人に合ったスタイルを極めた人が成功しています。つまり、あなたがどのタイプであっても、素晴らしいリーダーシップ、マネジメント、そして人生を実現することができるのです。

ところで、対角のタイプは正反対の性質を持っています。それは天敵のようになるのでしょうか。信頼関係がうまくできていない時は、険悪になるケースもあります。

関係性が悪い時、例えばドライビングの人はエミアブルの人を「ぐずぐずはっきりしないな、さっさとしろよ」のように思い、エミアブルの人はドライビングの人を「結果、結果って、それればっかり。みんな困っているのにどうしてあんなに無神経なんだろう」などと思うかもしれません。

関係性が悪い時、例えばエクスプレッシブの人はアナリティカルの人を「融通がきかない

図表 4-2　各タイプの詳細

感情をあまり表に出さない、
課題や論理が大事

慎重な物言いをしたい、後方、じっくりが好き	アナリティカル (Analytical) ●情報やデータを重視し、客観性や合理性で判断したい ●キチッとした論理、筋が通ることが大事 ●うかつな判断をせず、理性的でいたい ●計画的に、自分のペースで慎重、正確に進めたい ●完璧に責任を果たしたい、責任範囲を限定したい ●リスクは避け、想定外のことは無い方が良い	ドライビング (Driving) ●最高の結果、目標に向かってストレートに行きたい ●リスクを厭わず即断即決、即行動 ●結果、達成、勝利が大事 ●人間関係より仕事優先 ●自信家、自説にこだわる ●他人からの指示ではなく、自分で決める
	エミアブル (Amiable) ●自分のことより全体の平和と調和を大事にしたい ●明るく、温厚 ●みんなの気持ちが大事、聴き上手、気配り上手 ●感情に敏感で繊細 ●リスクを避けたい、安定が大事 ●受動的、先延ばししたい	エクスプレッシブ (Expressive) ●唯一無二の、注目を集める自分でありたい ●アイディア豊富で創造力、行動力がある ●情熱的でエネルギッシュ ●自分の話をすることが好き、社交的 ●自分らしいやり方でやりたい、率いたい ●楽しいこと、新しいことが好き

（右側）ストレートに自己主張したい、前方、スピーディーが好き

感情を豊かに表現する、
気持ちや人間関係が大事

な、真面目か」のように思い、アナリティカルの人はエクスプレッシブの人を「言うことがコロコロ変わる。信じられない、無理」のように思うかもしれません。

ところが、関係性が良くなると、逆に最強のパートナーのようにもなります。お互い、相手は自分の苦手なことが得意であるため、補完関係になるのです。

例えばドライビングの人にとって、エミアブルの人がチームの人間関係の調和を保ってくれるところは大変ありがたく、エミアブルの人にとっても、ドライビングの人が高い目標に向かってリスクをとり、どんどん進んでいってくれるのはとてもありがたい、となります。

エクスプレッシブの人にとって、アナリティカルの人が、膨大なデータを緻密に分析して、間違いのないようきちんと計画し、コツコツ正確にやり続けてくれるのは大変助かり、アナリティカルの人にとってもエクスプレッシブの人が、いきなり人前に出させられてもみんなを巻き込みながら、機転の効いたトークで魅力的なプレゼンを即興でやってくれるのは非常にありがたい、となります。

つまり、信頼関係の構築がポイントです。自身のタイプに誇りを持ち強みを大いに発揮し、相手のタイプにリスペクトを持ち力を大いに借りる。そんなふうに協力し合えれば、最強のチームになります。大活躍している芸能人グループやスポーツチーム、複数の人が主役の映画や特撮戦隊モノなどを見ても、この4タイプともいることが多く、お互いに助け合って魅力的なシナジーを奏でています。

5　メンバーはどのタイプか

皆さんのチームのメンバーはどのタイプでしょうか。おおよその見当がつくでしょうか。判別方法としては、前述した、「感情をあまり表に出さない、課題や論理が大事」な上側寄りか、「感情を豊かに表現する、気持ちや人間関係が大事」な下側寄りか。「ストレート、前方、スピーディー」な右側寄りか、「慎重、後方、じっくり」な左側寄りか、を観察することで、概その予測がつくのではないでしょうか。

ただ、時々、「自分は対角のタイプの言動ができていない」と感じて、努力してそちらのタイプであろうとしている人もいます。例えば、本来エミアブルの人であるのに、ドライビングのようであろうとするようなケースです。

結果を重視して、リスクを厭わず即断即決、即行動しているため、側から見ればドライビングの人だと思われる。しかし、ドライビングの人として他者から接されると、本来はエミアプルであるため、「冷たい、怖い」と不快に感じる。つまり、反対のタイプを一生懸命演じることはできても、そう接してほしいわけではないのです。見た目がそのタイプに見えるからと接してみたら、相手が必ずしも喜んでいない場合、「反対側のタイプを努力してやっているのかも」と仮説を変える必要があります。そのような場合、本来のタイプを見分けるには、仕事ではない場面で観察をする、または章末のソーシャルスタイルを判定する質問集を活用するなどといった方法が有効です。

なお、メンバーに質問集に回答してもらう際には、「タイプに優劣はない。お互いを知り、尊重し合い、強みを発揮し合うため」と、目的を共有した上で取り組んでもらいましょう。

6　イキイキするコミュニケーション、避けるべきコミュニケーション

それぞれのタイプとラポールを構築できるコミュニケーションのポイントを図表4－3にまとめました。普段のコミュニケーション、1 on 1ミーティングの際に意識し実践していただくと、効果を実感いただけると思います。特に、ストレスを感じがちな相手がいたら、ぜ

図表4-3　相手がイキイキするコミュニケーション

①ドライビングの人が喜ぶコミュニケーション
- 裁量権を与え、完全に任せる
- 単刀直入に用件から切り出す
- 結論を先に、明確に伝える
- 選択肢を説明して、相手に自己決定してもらう
- 高い結果期待を伝える
- 卓越した結果を称賛する
- 用件が済んだら速やかに立ち去る

②エクスプレッシブの人が喜ぶコミュニケーション
- 特別な存在であるあなたにしかできないと、仕事を依頼する
- 人前で存在感を、さすが！など感情を込めて褒める
- アイディアのユニークさを称賛する
- 概要や大きな方向性を握り、やり方は任せる
- 興味を示す話題を振って、本人に自由に話してもらう
- 明るく楽しい雰囲気で接する
- 話のリズムやテンポの良さを大事にしつつ、時折要約してあげる

③エミアブルの人が喜ぶコミュニケーション
- 貢献してくれたお陰で助かった、人々が喜んだと、笑顔で感謝を伝える
- 目立たない努力や貢献を見ていて、感謝を伝える
- にこやかに、穏やかな雰囲気で考えや感情を聴く
- その人の事情や状況を考え、お伺いを立ててから話をする
- あなただからと、頼りにする
- 手を貸す意志や、同様に不安を乗り越えた経験を伝える
- 仕事はリードタイムを持って依頼し、急がせない

④アナリティカルの人が喜ぶコミュニケーション
- すぐに本題に入り、論点を明確にして話をする
- 論理を尊重し、背景・理由を引き出す
- 事実・データを題材に、話を広げる
- 質問に対しては、根拠や事例とともに正確に答える
- 責任範囲を明確にし、やり方などは任せる
- 本人のペースを尊重し、急かさない
- 余裕のある納期や報告のタイミングを予め設定・共有し、急に報告を求めない

図表 4-4　相手が嫌がる（避けるべき）コミュニケーション

①ドライビングの人が嫌がる、避けるべきコミュニケーション
- 結論として何を言いたいのか分からない婉曲表現や、長い話
- 裁量権を与えられず、細かいところまで口を出される
- 誰でもできる仕事を振られ、高い期待をかけられない
- 仕事中に、世間話やウェットな人間関係などを持ち出される
- 自信のない、一貫性のない態度を取られ、非効率や遅延が発生する
- 卓越した結果を出しても、認められない
- 結論として無理なことを、「検討する」と曖昧に期待させられる

②エクスプレッシブの人が嫌がる、避けるべきコミュニケーション
- 誰でもいいような、目立たない仕事を振られる
- 自慢を無視される
- 気持ちやエネルギーが感じられない、後ろ向き、暗い雰囲気
- 繰り返しで変化がない、細かく手間のかかる仕事
- やり方など、細かいことまで指示され、自由がない
- 堅苦しい用件や資料、データの説明に終始される
- 話をする機会がない

③エミアブルの人が嫌がる、避けるべきコミュニケーション
- 自分のことばかり主張され、全体の平和や調和を乱される
- こちらの事情や状況は無視して、土足で踏み込まれる
- 冷たく無神経、鈍感なコミュニケーション、用件だけのメールをされる
- 不安や感じていることを聴いてもらえない
- 誰でもいい仕事を振られる
- 共感しただけなのに、合意したと誤解される
- 短納期の仕事を振られ、急かされる

④アナリティカルの人が嫌がる、避けるべきコミュニケーション
- 論理や筋の通っていない話や、裏づけ・根拠のないおおまかな数字
- 論理を否定される
- 自分のペースや計画を狂わされる、急かされる
- 責任を果たしきれない、キャパシティを超えた仕事を振られる
- リスクが高く、想定外のことがよく起きる仕事を振られる
- 個人的な話題や世間話などで、本題になかなか入らない
- 仕事を任されたはずなのに、プロセスなどに細かく口出しをされる

ひ意識してチャレンジしてみてください。

逆に、それぞれのタイプがストレスを感じやすい、相手が嫌がる（避けるべき）コミュニケーションのポイントを図表4－4にまとめました。普段のコミュニケーションや1on1で意識することで、お互い感じていた疑問やストレスが減って、心地よい人間関係が構築できることでしょう。

私は、4つのタイプが存在する理由は、〝世界がうまくいくために必要な役割があるから〟と考えています。そう考えると、自らのタイプに誇りを持ち、お互いのタイプをリスペクトし、協力し合うことは自然なことだと感じます。本心で語り合うためにも、お互い気持ちのよいコミュニケーションをとりたいものです。

コラム

ソーシャルスタイルを意識して面談をやったら、メンバーが驚くほど主体的に提案してくれるようになった

——管理職Kさんのお話

ソーシャルスタイルの判定をしてみたところ、私はドライビングだと分かりました。そして、1on1ミーティングをやっているメンバー2人にも判定をやってもらったところ、

それぞれドライビングとエミアブルでした。

1人のメンバーは、長い付き合いなのに、信頼しつつも理解できない壁のようなものを一部感じていましたが、実は自分と真逆のエミアブルだったことが分かって、合点がいきました。ドライビングとしては、伝えたいことを伝えているだけのつもりでしたが、エミアブルの人にとっては、責められているように感じていたのかも、と気づきました。

その後の面談で、ドライビングの人には「いつ、どうなりたいの？」とストレートに訊き、エミアブルの人には「今の仕事、機会を重ねていって、……いつかどんな風に向き合えたらいい？」と緩やかに訊くようにしてみたら、2人とも良い雰囲気で、気持ちよくたくさん話してくれるようになりました。

図表 4-5　ソーシャルスタイルを判定する質問集

「職務としてそうすべき」とか「それはできます」など果たすべき責任や能力で判断するのではなく、**役割などの制約が一切なかったら、本当はどうするのが好きか、素の自分はどうか**と慎重に答えてみてください。設問AからDそれぞれにおいて、**Yesは何個**ずつあるでしょうか。Yesの多いものが、あなたに色濃く出ているソーシャルスタイルです。

＜設問A＞ドライビングの傾向

1. 自分の意見ははっきり主張したい	2. 目的のためなら他人との衝突もやむなしと思う
3. 無駄は極力省きたい	4. 何よりも結果が大事
5. 決断力があるタイプだ	6. 他人から指示されるのは好きではない
7. 自分にも他人にも厳しいと思う	8. 何においても効率を追求したい
9. 話の脱線や目的のない会話にストレスを感じる	10. いつも目的や目標を持っていたい

＜設問B＞エクスプレッシブの傾向

1. いろいろなことに興味がある	2. 自分自身、ノリがいいと思う
3. 集中する時はすごいが、コツコツ継続するのは苦手	4. なんだか自慢話をしがち
5. 思ったことは黙っていられない	6. 膨大な資料を読むのは苦手
7. 話が脱線しがち	8. 声が大きいほうだと思う
9. アイデアがどんどん湧いてくる	10. 話すことが好きだが、人の話を聞くのは苦手

＜設問C＞エミアブルの傾向

1. 頼まれると断れない性格だ	2. 困っている同僚がいると、進んで声をかけたい
3. 誰に対しても良い対応をしたい	4. 人の失敗には寛大だと思う
5. 相槌やうなずきが上手いと思う	6. 初対面の人には、緊張しがち
7. 相手の顔色を見ながら話す	8. 基本的にニコニコしていると思う
9. 自分の意見を主張するのが苦手	10.「主体性がない」と言われることがある

＜設問D＞アナリティカルの傾向

1. ミスやルール違反は気になる	2. 会議や待ち合わせの時間は必ず守る
3. 自分のペースを乱されるのが嫌い	4. ひとつのことが気になると、なかなか前に進めない
5. 根拠がない話は信じない	6. いつも準備に余念がないと思う
7. 冷静に、あまり表情を変えずに会話しがち	8. 声のトーンが単調になりがち
9. プロセスを重視する	10. 実績やデータを確認したい

第5章

第1フェーズ：心から安心して本音を話し合える関係性を構築する——3 アクション編

ここでは第1フェーズ、ラポールを築くためにできる具体的な行動について見ていきます。

1 「存在を承認する」とは

2種類の「価値」

「機能価値」と「存在価値」という考え方があります。

機能価値とは、あることができる、パフォーマンスがいい、結果が出ることに価値があるという意味です。一方、存在価値は存在していることそのもの、存在しているだけで価値があるという意味です。

例えば、生まれたばかりの赤ちゃん。最初は100%依存ですから、機能価値の有無は考えづらい（×）。一方、皆に注目されて、存在価値は非常に発揮しています（○）。小学生がテストで100点を取るとパフォーマンスがいいので機能価値は○、すると親は何と言うでしょうか。「さすが我が子、末は大臣かしら（↑昭和ですね、笑）」と言って存在価値も○にしがちです。会社で素晴らしい業績を上げると機能価値は○、すると上司は「素晴らしい、

図表5-1　「機能価値」と「存在価値」

	生まれたばかりの赤ちゃんに対して	小学生がテストで100点を取った	会社で素晴らしい業績を挙げた	小学生がテストで悪い点を取った	会社で最低の業績しか出せなかった	恩師の関わり
機能価値	×	○	○	×	×	○
		↓	↓	↓	↓	↑
存在価値	○	○	○	×	×	○

結果承認

存在承認

君はわが部の宝だ。ますます活躍してくれたまえ」と存在価値も○にしがちです。

逆に、小学生がテストで悪い点を取ると機能価値は×、親は存在価値も×にしがち、会社で最低の業績しか上げられないと機能価値は×、世間で問題になるようなモラハラ上司は「まだいたのか、給料泥棒」と存在価値も×にしがちです。

ところで第2章でもお尋ねしましたが、皆さんには恩師はいますか。その人は皆さんのことを認めてくれたでしょうか。もちろん、恩師と思うぐらいですから認めてくれたはずです。では、どうして認めてくれたのでしょうか。パフォーマンスがいいから? 否、おそらくパフォーマンスに関わらず、いやそれ以前から認めてくれていたはずです。したがって、先に存在価値が○で、その人の前だと安心して伸び伸びできるのでパフォーマンスが出やすく、結果、機能価値も〇になったということだと思います。

「結果承認」と「存在承認」

図表5－1の真ん中の4つは、矢印が上から下に向かっています。つまり機能価値が発揮できた時に初めて存在価値が認められる。機能価値が発揮できない時は、存在価値が認められない。分かりやすく言うと、結果が出たら**褒める**、出なかったら**否定する**という関わり方です。このような認め方を「**結果承認**」といいます。

一方、両端は、機能価値の発揮と関係なく存在価値が認められています。このように、結果の如何に関わらず相手の存在を**認める**という関わり方を「**存在承認**」といいます。

かつてコーチングのクライアントさんとの雑談中に聞いた話です。その方は47歳の女性でした。3つ上に兄がいて、中学時代、すごい球を投げるピッチャーだったそうです。親も先生も近所の人も皆、兄はきっと強豪校に入って甲子園で活躍するだろうと言っていました。ですから親は兄にたくさんの時間とお金を投資していました。妹（クライアントさん）からすると「お兄ちゃんばっかりずるいな。だけどお兄ちゃんは野球すごいし、仕方がないのかな」と思っていたそうです。そして兄はやはり、野球の強豪校に鳴り物入りで入りました。ところが、活躍する間もなく肩を壊して、野球ができなくなってしまった。すると、兄はすごく荒れました。親に暴力をふるったりもしました。

現在、その兄も50歳。なんと、いまだに荒れているというというのです。

皆さんはこのエピソードと、前述した結果承認／存在承認とを照らし合わせた時、どのように感じますか。私は、お兄さん自身、「自分は野球ができるから価値がある、野球ができなくなったら価値がない」と感じていたのではないかと想像してしまいました。あくまで雑談中の短い話であり、実際には何が起きていたか、ご両親が結果承認しかされなかったのかは知る由もありませんが、少なくとも「結果承認のみの関係性を構築する怖さ」を感じました。

最初に存在承認がしっかりされていて、その上で結果承認もされていたとしたら、仮に結果が出せなくなった（機能価値が損なわれた）としても、存在価値は認められています。これは、第１章で書いた成功循環モデルの話と重なる部分があります。結果承認ばかりで関わると、結果の質からのバッドサイクルが始まります。先に存在承認をするということは、関係の質からのグッドサイクルが始まることになります。グッドサイクルの中で結果が出て、褒められる（結果承認される）となればもちろん素晴らしいことですし、仮に結果が出ない時でも存在承認が変わることはありません。やはり関係の質から始めること、存在承認による信頼関係構築がベースであることは、一貫してお伝えしている通りです。

まず存在承認から

ところで、親子関係ならいざ知らず、会社という営利組織で存在承認するとは、一体何をどうすることなのでしょうか。「結果は出さなくても、いてくれるだけでいいですよ」とは管理職の責任からも言えないはずです。

例えば、結果が出ていないA君が出社して「おはようございます」と言いました。しかし、周りの誰もが、A君が結果を出していないという理由で、返事どころか見向きもしません。これは存在承認されていないということになります。冷静に考えると、結果を出していないということと、挨拶を返されないということは関係ないはずです。「おう、おはよう！」と言えばよいのです。「顔を見て挨拶を返す」、例えばこれが存在承認です。皆さんは、周りの人にどのように関わってもらうと、ご自身の存在が認められたと感じますか？

「おい新人！」ではなく、**「木村さん」などと名前で呼ばれる。**

「大丈夫？」「寒くない？」などと声をかけられる、**気遣ってもらえる。**

「最近、前よりも早く出社してない？」などと変化に**気づいてもらえる。**

ほかにも、**「話を聴いてくれる」「昔の話を覚えていてくれる」「ランチに誘われる」「口約束でも、キチンと果たしてくれる」「誰々さんはどう思う？」のように、意見が求められる」「できる仕事を任せてもらえる」**などでしょうか。普段からこのような関わりがあれば、「自分はここにいていいんだ」と安心感を覚え、心を開きたくなります。冷静に考えれば、全て小学校で習ったようなことばかりです。小さい頃にはできていたことが、大人になって社会人になると結果を求められ、だんだん疎かになってしまう。当たり前のことを当たり前にやる。「まず存在承認」を合言葉に、お互いに気持ちの良い職場を作っていきましょう。

2　「褒める」と「認める」の違い

「結果承認」と「存在承認」の別の形

前項で結果承認と存在承認の違いを述べましたが、言い換えると、「褒める」と「認める」の違いとも言えます。詳しく対比してみましょう。

「褒める」というのは、パフォーマンスや結果が良いことに関して、相手をプラスに評価（ジャッジ）することです。その判断基準は、評価者が設定した、いわば、評価者による〝解釈〟です。上司など評価してほしい人にプラス評価をされると嬉しくなり、モチベーションが上がることもありますが、逆に結果が出ない時はプラス評価されない、マイナス評価を受けることになります。もし、常に業績、結果のみで判断されたらいかがでしょうか。結果を出さない限りここに居場所はないと不安になると、評価者に評価されるために動くようになります。すなわち〝他人にとって都合の良い人生を生きる〟ことにさえなりかねません。そして、そのような場にずっといると、他の人のことも結果（機能価値）で判断するようになります。仕事がうまくいっていない人のことを、人としても劣った存在などと、恐ろしいジャッジをするのです。

良い結果を褒めること自体はポジティブな行為ですが、結果が出た時のみ良い反応をすることをし続けると、バッドサイクルに陥るのです。

一方、「認める」というのは、パフォーマンスや結果に関わらず、存在そのものを認めることです。判断基準がありませんので、相手を評価しない、ニュートラルな接し方をします。良し悪しを判断されないので、常に安心して自分らしくいることができます。甘やかすという意味ではなく、結果如何によって無視したり蔑んだりしない、人格は否定しない、という意味です。

前項で触れましたが、私たちが未熟で結果を出す前から認めてくれた「恩師」のもとでは、安心して伸び伸び自分らしさを発揮することができ、良いパフォーマンスも出しやすかったのではないでしょうか。私は私でよいのだという気持ちになれると、自分が動きたいように動けるようになります。すなわち、〝自分が生きたい人生を生きる〟ことができるのです。

そのような場にずっといると、他の人についてもその結果（機能価値）に関わらず、1人の人として気遣えるようになります。いつも接し方が変わらなければ、関係の質からグッドサイクルに入り、必然として継続的な好結果も（タイムラグを経て）出るようになるのです。

「褒める」の前に大事なこと

アドラー心理学では「褒めてはいけない」と言っています。能力のある人が、能力のない

図表 5-2 「褒める」と「認める」

褒める（結果承認）	認める（存在承認）
評価者の解釈	事実、存在そのもの
結果に対し、（評価者の判断基準で）プラスの評価を与える	パフォーマンスや結果にかかわらず、存在そのものを認める（ニュートラル）。
評価してほしい人に、プラス評価されると嬉しい	常に安心して、自分らしくいられる
結果が出ない時、プラス評価をしない、マイナス評価をする	結果が出なくても存在価値に影響はない（マイナスはない）。甘やかすという意味ではなく、結果いかんによって無視したり蔑んだりしない
常に評価のもとに晒され、萎縮して機能価値をうまく発揮できない可能性がある	決してジャッジされない安心感の中、自分らしく機能価値を発揮しやすい
評価者に評価されるために動く（他人の人生を生きる）	自分が動きたいように動く（自分の人生を生きる）
他の人のことも結果（機能価値）で判断するようになる（仕事がうまくいっていない人は、人としても劣った存在とジャッジする）	他の人のことも結果（機能価値）に関わらず、1人の人として気遣うようになる
「よくできたね、えらい」	「あなたはあなたのままでいい」「いてくれて嬉しい」
上下関係、上からの接し方	対等の関係、横からの接し方

人に下す評価だからです。そうではなく、勇気づけや、貢献してくれたことへの感謝を伝えることが大切だと言っています。確かに、我々もそうしてもらったほうが気持ちよくモチベーションを上げることができますね。

ところで、心から褒め讃えたいときも褒めてはいけないのか？　それも不自由な感じがします。アドラーが言っているのはそういうことではなく、背後にある目的が「相手を自分の思う通りにコントロールすること」だった場合、それはすべきではないという意味です。「褒めて伸ばす」という素晴らしい言葉がありますが、目的を間違えてコントロール目的で使うと、上下関係、上からの接し方となり、褒められるならやる、褒めてくれないならやらないという依存関係を生み出す可能性があります。

褒める前に、話を聴く、声をかけるなど日々の関わりで存在を認める。それは対等の関係、横からの接し方です。存在承認を十分にして、その上で心から褒めたい時は褒める。このように整理してみてはいかがでしょうか。

あなたの大切な人が大変な努力をしたにもかかわらず望む結果が出なかった時、「なんてダメなやつだ」とは思わないはずです。「頑張ったね。その努力を知っているよ。そこから立ち直ることを信じているし、心から応援しているよ」と思います。そのように認められると、相手は安心して本心を話せるようになります。

3　相手の肯定面を認める

どこに焦点を当てるか

図表5－3をご覧ください。2つの円のうち、すぐに目が行くのはどちらですか。

これは、ゲシュタルト療法の「欠けた円」という心理テストですが、目が行くのは欠けた円のほうで、なかでも欠けている部分ではないでしょうか。同様に、私たちは人の足りない部分に目が行きがちです。ここができていない、ここが弱いと。自分についても、ここがまだまだ、ここがあの人に劣っているなどと思いがちです。そのようになるのは性格がネガティブだからではなく、人間の本能だと言われています。

我々は、よかれと思って、メンバーのできていない部分を指摘し、そこを直せと言います。例えば、私は小さい頃に言われて嫌だったのが「あなたは短気ね」でした。以下の文章で、「短気」の部分を皆さんが言われたくない言葉に置き換えて読んでみてください。

上司曰く、「いつも言っているけど、あなたはとにかく短気なところを直しなさい。あなたの将来のために言っているんだよ」。いかがでしょうか。そう言われ続けて、「よーし、直すぞ！」と気合いが入るでしょうか。むしろ、「すみませんね、何度言われても直らないダメ社員で」などと、ただ自信を失って落ち込む、ということはありませんでしょうか。

一方、私が言われて嬉しかったのは「あなたは諦めないね」でした。同様に以下の「諦めない」の部分を皆さんが言われて嬉しい言葉に置き換えて読んでみてください。

上司曰く、「しかしあなたは本当に最後まで諦めないね。そこはいつも頭が下がる思いだよ」。いかがでしょうか。「分かってくれますか！　よし、これからも絶対諦めないぞ！」と前向きな気持ちになるのではないでしょうか。そして、「そこまで信頼してくれるなら、自分の弱点である短気なところも、少しずつ直していきたいな」とまで思うかもしれません。

人は指摘されたことに焦点が当たり、そこが増大していくと言われています。「短気を直せ」と言われ続けると、「私は短気だ」とい

図表5-3　ゲシュタルトの「欠けた円」

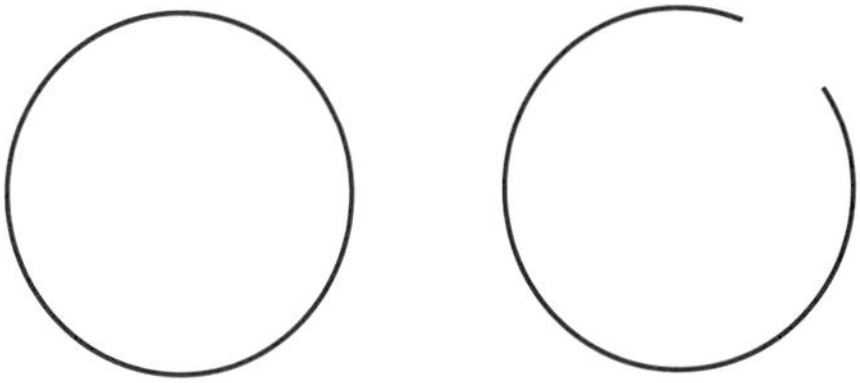

つも気になり、つい短気が出ると、「またやってしまった。どうして直らないんだ。一生直らないいんじゃないか」と自信を喪失、直す気力が低下します。ついには開き直って「どうせ私は短気ですから」と、焦点を当てたところが増大していくのです。

「諦めないところがあなたの強みだね」と言われ続けると、「私は諦めない人だ」という自己イメージがつきます。苦しい場面に遭遇した時に「私は諦めない！」とチャレンジでき、乗り越えてまた自信がつき、ますます気力が増していきます。それを繰り返すと、いよいよどんな場面でも諦めない人間になる、という具合に焦点を当てたところが増大します。

良い、悪い、の判断から離れてみる

数年前、弊社の社員さんが私にこう言いました。

「私は本田さんのように仕事が早くないです。足を引っ張っているのではないでしょうか？」

見るとやや深刻な表情を浮かべていたので、私はこう言いました。

「そんなふうに思っていたんだね。確かに、私よりあなたのスピードは少しゆっくりかもしれない。ただ、だから入社してもらったんだよ。私は早い。ということは同時に粗い、ある

図表5-4　「肯定面」と「否定面」

【肯定面】		【否定面】
判断・行動が早い	⇄	短気、せっかち
諦めない・粘り強い	⇄	諦めが悪い、しつこい
人の痛みが分かる	⇄	気が弱い
慎重・丁寧	⇄	遅い
大らか、心が広い	⇄	大雑把、いいかげん
好奇心旺盛	⇄	飽きっぽい

いは強引な面もあるかもしれない。あなたは私よりゆっくり、ということは同時に慎重で丁寧、心がこもっているかもしれない。私にないものを持っているから、入ってもらったんだよ」

すると、社員さんは「そうだったんですね！」と目を輝かせ、より自分の強みを発揮して、私をフォローしようと頑張ってくれるようになりました。

つまり、良いところと悪いところがあるのではなく、性質そのものはニュートラル、肯定的な見方と否定的な見方があるだけです。良い悪いは前述したように「ジャッジ」です。ニュートラルに受け止め、肯定面を見てみる、それを事実として指摘する。すると、そこが増大するということをお伝えしています。

肯定面を指摘するのは、甘やかしたり褒めたりすることとは違います。あくまで事実（ニュートラル）だからです。

目標比80％の達成率だった場合、「80％もやったじゃない、エライ」と褒めるのでもなく、「未達だから全然ダメだね」という全否定でもなく、「20％未達だね」と否定面だけを伝えるものでもありません。「全体の80％できているね。20％未達部分、そこが伸び代だね」と事実としての肯定面を指摘し、未達部分はその後にやはり事実として伝える。「伸び代だね」など肯定的な表現を使うのも、とても前向きな気持ちを引き出す意味で効果的です。これは事実を認める存在承認です。

肯定面の指摘から得られる3つの効果

ところで、「先に」肯定面を指摘すると、3つの効果が得られます。

①効率、生産性が上がる

前述したように、私たちは欠けているところに目が行きがちです。本人も、マイナス20％にばかり目が行きがちで、できた80％をスルーしてしまいます。すると、うまくいった部分の要因を振り返らないので忘れてしまい、次回、同様の状況に出遭った時に、今度は60％しかできなかったりします。そうなると、いつまでたっても１００％に到達することはできませ

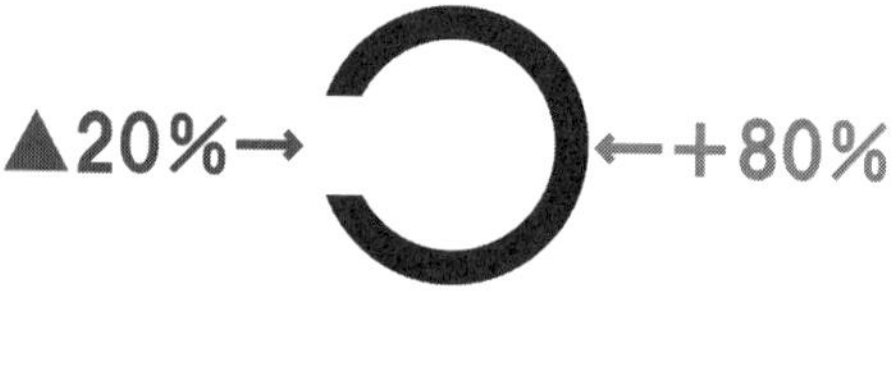

ん。80％できたことを指摘し、その部分の成功要因を自覚することで次回以降も再現でき、残り20％のみを改善すればよいということになります。肯定面をまず指摘した方が、効率、生産性が上がるのです。

②自己効力感が上がる

自己効力感とは、「私もやればできる」と思える健全な自信です。80％できたことを自覚することで、「なんだ、私は全然ダメではないのだ。もう少しなんだ。あと20％頑張ろう！」と希望が湧きます。自分に全く期待できないと、頑張る気力が湧いてきません。達成率が30％の場合でも同様です。30％はできたね。次は50％を目指してみようと、ベイビーステップでアプローチすることもできます。いずれにせよ、やればできるという気持ちにならなければ、前に進むのは難しくなりますので、肯定面をまず指摘するのです。

③足りていない面に向き合うエネルギーがチャージされる

①、②によって、足りていない面にキチンと向き合うエネルギーがチャージされ、「ぜひ改善しよう」と思えるようになります。受け身、やらされ感では辛い改善も、主体的、前向きであれば、はるかに乗り越えやすくなります。

無理やりなポジティブシンキングはしない

ところで、肯定面を認めるとは、無理やりなポジティブシンキングをしましょう、というのとも異なります。

無理やりなポジティブシンキングとは、「商談失敗……でも次は大丈夫さ！ きっとお客様も虫のいどころが悪かったのだ。パアッと飲んで、嫌なことは忘れよう！」のようなことです。これは、次は大丈夫と言える根拠が全くありません。現実逃避にも等しいものです。

そうではなく、商談不成立という事実はニュートラル。その中でも肯定的な見方をした時、何が見えるかということです。断られたお陰で、自分の過信に気づくことができた。商談のスキルアップに取り組む機会ができた。お客様の気持ちにもっと寄り添う大切さに気づかせていただいた。断られた心の痛みを体験でき、他の営業パーソンを勇気づけられるようになった。など、商談を失注しなければ得られなかった事実としての肯定面を見ることで、そこに焦点が当たり、増大していくのです。

相手の肯定面を認めるコミュニケーションによって、コミュニケーションや信頼関係は劇的に変化し、時にメンバーは、安心感のもと、想像を超えるほど伸びてくれたりします。世界的なトップアスリートの多くも、肯定面を指摘され、強みやモチベーションを増大させるコーチングを受けています。

4 価値観や意見の違いを一旦受け止める

受け止め方ひとつで印象は変わる

歳の離れたメンバーとのジェネレーションギャップや転職してこられた方との考え方のギャップに、戸惑いやストレスを感じたことはありませんか。そのように意見や価値観が異なる相手ともラポールを築くために、どのように存在承認すればよいのでしょうか。

例えば、皆さんが仕事において「常に誠実である」ことを最も大事にしていると仮定します。そして私は皆さんとは別のことを大事にしていると仮定します。

そこで私が皆さんに「お仕事で大事にしていることは何ですか？」と伺います。その答えに対し、私は違う意見を言いますが、言い方を2パターン変えてやってみます。1つ目と2つ目、私の返し方のパターンによってどんな気持ちが沸き起こるでしょうか。

1パターン目

私　「お仕事で大事にしていることは何ですか？」

皆さん　「誠実であることです」
私　「それより、成果を上げることのほうが大事じゃないですか？」

2パターン目

皆さん　「誠実であることです」
私　「お仕事で大事にしていることは何ですか？」
皆さん　「誠実であることです」
私　「ああ、誠実さを大事にしているんですね。ちなみに私は、成果を上げること
を大事にしてきました」

印象は、かなり違うと思います。1パターン目は、「私の想いを否定された」と、嫌な気持ちになりませんか？　一方、2パターン目は「ああ、成果ももちろん大事ですよね」と返す余裕があったのではないでしょうか。2回とも賛成していないにもかかわらず、ずいぶん印象が違います。怖いのは、1パターン目も、特に否定する気はなくても言いがちであることです。つまり、私たちは無意識のうちに相手から「今、否定された？」と思われているかもしれません。

そもそもどうして誠実さを大事にしているのか。例えば若い時分、誠実さを欠いた対応をして痛い目に遭ったことがあるとか、クレーム対応を一生懸命誠実にやったらむしろ深い信

頼関係ができた体験があるとか、いろいろなことを経験して「誠実さってすごく大事だな」と実感したからです。つまり、ここまでの人生の集大成としてできた価値観にもかかわらず、「それより、成果を上げることの方が大事じゃないですか？」などと言われたら、少し大袈裟に言えばそれまでの人生を否定された、人格を否定されたような気になるわけです。

それぞれ異なる人生を生きてきたのだから、出てくる答も違うはずです。そして、どちらも正しいのです。もし意見や価値観が異なっても、相手を否定しない、どちらが正しいかをジャッジしないことが大切です。それが存在そのものを認める、存在承認をするということになります。

具体的には、「ああ、そんなふうに考えたんだね」「そんな価値観を持っているんだね」というように意見や価値観の違いを一旦〝受け止める〟ことをお勧めしています。もちろん、同じ言い回しでも怖い、高圧的な言い方ではありません。ああ、そんな考え方もあるんだ！という新鮮な驚きとして受け止めるのです。

「受け止める」は「受け入れる」とは違う

ところで、「受け入れる」と「受け止める」は一緒でしょうか。違いますね。

受け入れるは、受けて、中まで入れてしまうわけですから、賛成する、同意するという意味です。もともと同意見ならすんなり受け入れられます。「やっぱり誠実さだよね！」のようにに。ところが、違う意見を持っているのに受け入れてしまうと、自分を曲げるということになります。「…ですよね…」などと無理に同意しても、前述したメラビアンの法則で、見た目、声のトーンに同意していない本心が現れ、結局は「そう思っていませんよね」とすぐにばれると思います。

受け止めるとは、違う意見、価値観ではあるものの、否定せずに「あなたにとってはそうなんですね」と理解を示すことです。異なる意見に無理やり賛成するのでもなく。それが存在承認となります。

歳の離れたメンバーが「これって、こうすればいいんですよね？」と確認してきて、その内容が自分からすると「？」と非常識に感じられた時に、「そうじゃなくて、こうでしょ！普通に考えれば」などと言ってしまうとどうなるでしょうか。どんなにこちらの言う内容が正しくても、相手はそれまでの人生経験を踏まえてこれがベストと思って出してきたのです。いきなり「不正解」とジャッジされると、人格否定に聞こえるわけです。もちろん仕事ですから、こちらのやり方でやってもらわなければ困るといった場合もあるでしょう。そんなときには、「ああ、そういうふうに考えたんだね。もう少し聞かせてくれるかな」とか、「ああ、そう考えたんだ。ただ申し訳ないけど、今回こういう事情があるから私の指示に従ってくれる？」などと、一旦受け止めた上で、異なる意見を〝横〟の関係として伝えれば、存在承認ができるのです。メンバーも気持ちよく、「ああ、そうなんですね。分かりました」と聞いてくれるはずです。ほんのちょっとのコミュニケーションの違いが、大きな違いを生み出します。人間は感情の生き物なのです。

ジャッジを先に出すことはしない

私はかつてジャッジする癖が強く、自分と異なる意見を言われるとそれを論破しようとするタイプでした。きっと嫌がられていたと思います。そしてよく、論破した数日後に「あれ、この前論破して私が正しいと言ってしまったけれども、今思えば相手の言い分も一理あったんだろうか」などと後悔しました。それからは、「この人は何を言っているの？」と理解できない瞬間があった時に、「後で気づくかもしれない」「自分が経験していないことで想像が及ばない別の考え方があるのかもしれない」といった余地を残すようにし、「ああ、そういう考え方があるの？　もう少し教えてくれない？」と訊くようにしたら、「なるほど、だからそういう考えに至るのか」と納得することも多く、人との関係性が良くなりました。

ダイバーシティを特に意識しなくても、どんな人にもオンリーワンの育ってきた環境、歩んできた人生と体験、そして表面的には見えない事情があります。いきなりその意見が正しいか間違っているかをジャッジするのではなく、どんな背景からそんな考え方をしているんだろうと興味、関心を持つこと。それが存在承認につながるのではないでしょうか。どんな意見や価値観を持っている人とも、一切否定することなくコミュニケーションをすることが可能なのです。そうすれば、職場でもプライベートでも、いつもお互い安心して、自分らしくいられる信頼関係の輪が広がっていくことでしょう。

コラム 研修受講者さんからのご質問

研修の受講者さんから「一旦受け止める前に、ついつい反論したりしてしまいます。受け止められるように変わっていくには、そのことを心に留めておくのが一番だとは思いますが、他にも何か方法があれば教えていただきたいです」というご質問をいただきました。

筆者は、一旦受け止める時、そのことを我慢する、飲み込むという方法を選択しないことをお勧めしています。その異なる考えそのものにフォーカスするのではなく、「本人的にはベストの結論なのだろう」「何かそう思う事情があるはずだ」ということにフォーカスをし、「あなたはそう考えたんですね」と一旦受け止めるのです。

例えば自分が「野球が最も面白いスポーツだ」と信じていると仮定して、他の人が「サッカーが最も面白いスポーツだ」と信じていた時、「それはおかしい！」と反論するのは変ですよね。「あなたはサッカーが好きなんですね」と、受け止めるようなイメージを持ちます。

あるいは、電車の中で子供が騒ぎ回っているのに注意しない親に対し、いきなり怒りをぶつけるのではなく、例えば「もしかして、子供が騒ぎ回っていることに気づかないほど深刻な悩みに苛まれているのだろうか」などと、その背景に思いを寄せるイメージを持つのです。

一旦受け止めた後は、「どうしてそう考えたのですか？」「もう少し詳しく教えて？」「そんな気持ちだったんだね。聞かせてくれてありがとう。ただ申し訳ないけど、今回はこんな事情があるから、こう考えてくれると嬉しい」などと、会話を進めていきます。

このように、感情を押し殺して表面的に対応するのではなく、相手の人生に想いを寄せ、お互いに本心で関わり合うことをお勧めします。

5 I（アイ）メッセージで〝横から〟伝える

「Youメッセージ」と「Iメッセージ」

想像してみてください。

皆さんは素晴らしい業績を上げました。したがって上司にこんなふうに言われました。

「今回の業績、素晴らしいじゃないか」

どんな気分でしょうか。嬉しい方はたくさんいらっしゃると思います。

では、10歳年下の後輩からこう言われました。

「今回の業績、素晴らしいじゃないですか」

どんな気分でしょうか。嬉しいでしょうか。嬉しいという方もいれば、微妙な気分になる方もいると思います。特に、後輩から言われた場合は複雑だと。後輩からすると、褒めたのに何か喜んでいない？ということが起きるわけです。なぜでしょうか。

「あなたは素晴らしい」という言い方は、「あなたは」が主語なのでYｏuメッセージといいます。ポジティブな表現ですが、実は、これは相手をジャッジ（評価）しています。相手が素晴らしいか素晴らしくないかをジャッジしているのです。上司に言われて嬉しいと感じるのは、上司は評価者だからです。後輩から「素晴らしいじゃないですか」と言われると、何となく上から言われているような気になったり、言外に（やればできるんですね）などと聞こえてくる気になったりして、「君に言われたくないんだけど」と、微妙な感じになる人もいます。

では、10歳年下の後輩にこんなふうに言われたらいかがでしょうか。

「今回の業績、私、感動しました」

「……感動した？　かわいいこと言ってくれるね、ありがとう」などという気分になりませんか。「私は感動した」という言い方は、「私は」が主語なのでIメッセージと言います。これは自分の感想を言っているだけで、あなたが良いとも悪いとも言っていないので、ノー・ジャッジです。上から目線ではありません。下から目線でもないので、〝横から目線〟でしょうか。

ここまでお読みいただいたら、目下から目上に伝える時はIメッセージがいいのだ、と感じたのではないでしょうか。

Ｉメッセージを積極的に使う

では、目上から目下にＩメッセージを使ったらどうなるでしょうか。目上の上司から認められるとして、次の２パターンのうち、どちらのほうがより嬉しくて、次も頑張ってやろうという気持ちになりますか。

①「今回の業績、素晴らしいじゃないか」
②「今回は助かったよ、ありがとう」

おそらく、②の方が、人気が高いと思います。Ｉメッセージだからです（②の例文では「私は」は省略されています）。上司なので評価者目線（上から目線）で話してもおかしくはないのですが、横から言ってもらえると、より存在を尊重されているニュアンスが伝わるのです。職位は上だが、人としては対等だよね、仲間だよねというスタンスです。

Ｉメッセージで伝える内容は、感情、または五感です。感情とは「私はうれしい」「私は感動した」「私は寂しい」「私は〜と感じた」などです。五感とは「私にはこう見えた」「私にはこう聞こえる」などです。「あくまで主観だけど」というニュアンスが伝わり、相手を決

図表 5-5　Ｉメッセージの例

ポジティブな表現

私は嬉しい、私は助かった、私は感動した、私は安心した、私は君の存在が頼もしい、私は君がメンバーで誇らしい、私は勉強になった、私はこうしてくれるとありがたい、etc.

ネガティブな表現

私は悲しい、私は残念だ、私は寂しい、私は不安になった、私は落ち込んだ、私は心配した、私はあんまりだと感じた、私はこうされると辛い、etc.

めつけない、ノー・ジャッジで存在承認することができます。評判の良い上司は、意識的か無意識かはともかく、Ｉメッセージを使っている人が多いように思います。

Ｙｏｕメッセージが全てダメと言っているのではありません。ただ、使う時は心から伝えることが大切です。心から「君、素晴らしいね！（感動）」と言うと、大いに伝わり嬉しい気持ちになりますが、評価を下すように「君、素晴らしいじゃないか」と伝えると、（こちらの苦労も知らないでなぜ上から？と）あまり嬉しい気持ちになれない可能性があります。

なお、このほかに「Ｗｅメッセージ」もあります。「我々ならできるさ」のような言い方で、一体感が出る表現です。関係が冷え切っている時でなければ、やはり横の関係を感じる素敵な表現です。

Ｉメッセージのストックがたくさんあるといいと思いませ

んか。いくつかリストにしてみました（図表5―5）。ぜひこのリストに、皆さんもたくさん追加してみてください。

なお、家庭や友人関係でも、ぜひIメッセージを活用してみてください。相手の存在を尊重する関わり方は、言外に必ず伝わります。常にそうであれば、周りからも尊重されるようになり、信頼関係の醸成を後押ししてくれることでしょう。

6　傾聴の真の目的とは

昔からよく言われることですが、ラポールを築く時に、相手の話を聴くことは欠かせません。「傾聴」と言います。わざわざ傾聴と言うわけですから、普通の「聞く」とは異なります。普段はどういう時に人の話を聞きたいでしょうか。「ちょっと面白そうだな」「自分にメリットがありそうだな」、あるいは「今後のために聞いておく必要があるな」などという時ではないでしょうか。つまり、情報を収集すること。これが普段の「聞く」（門がまえのきく）です。

では、傾聴とは何でしょうか。「**相手が話したいことを、気持ちよく安心して話してもら**

うこと」です。普段の聞くと何が違うでしょうか。「聞く」は聞き手が聞きたいことを聞く、「傾聴」は話し手が話したいことを話させてあげる。主体が異なります。

では、そんな聴き方をする目的は何でしょうか。例えば、ものすごく苦労して、ひとつの仕事を成し遂げたとします。「いや〜、本当に大変だった、この苦労話を誰かに聴いてほしい！」と思った時に、その話をとことん聴いてくれる人、存分に話させてくれる人はどれ位いるでしょうか。あるいは、非常に理不尽な思いをして、辛くて悲しい。このやるせない気持ちを、親身に聴いてくれる人、下手なアドバイスなどなしに思う存分話させてくれる人はどれ位いるでしょうか。……あまりたくさんはいないのではないでしょうか。それは友達がいないという意味ではなく、そんな聴き方のできる人は、あまりたくさんはいない、ということです。

しかし、もし身近に1人でも本当にそんな人がいたら、その人のことをどう思うでしょうか。「本当に私のことを分かってくれるのは○○さんだけだ」と思うのではないでしょうか。つまり圧倒的に深い信頼感を感じるのです。普段の「聞く」は情報収集、「傾聴」は信頼関係構築、両方とも大切なきき方ですが、目的が全く違うということになります。人が本音を話す相手は心を許した人だけです。したがって、本当に大切な情報をバイアスなしでききたい場合、その前提として信頼関係を構築している必要があります。すなわち、傾聴でラポールを築いた後に、情報収集（聞く）をするという、この順番が大切なのです。

7　傾聴の効果と聴き方

傾聴により80％はうまくいく？

皆さんが本当に嬉しかった時、あるいは辛かった時、とことん話させてくれた相手を思い出せますか。そうやって聴いてもらえた時、ご自身にどんな変化がありましたか。

頭と心がスッキリする、ストレスが減る、安心する、癒される、元気になる、冷静になる、前向きな気持ちになれる、やる気・モチベーションが湧く、考えが整理される、記憶が蘇る、気づいていなかった心のブレーキに気づく、真に望んでいた想いに気がつく、確信が持てる、イメージが明確になる、ワクワクする、行動したくなる、主体的になる、話を聴いてくれた人のことが深く信頼できる……

まだあると思います。『人を動かす』の著者デール・カーネギーは、「人の話を聴くことによって、人生の80％は成功する」と言っています。傾聴することによってメンバーから深く信頼され、メンバーに前述のような素晴らしい傾聴の効果が現れたとしたらどうでしょう。カーネギーの言葉は「なるほど！」と、思えるものではないでしょうか。

相手が話したくなる聴き方

前述からお分かりの通り、傾聴とはききたくもない話を黙って耐えてきく、という受け身な態度ではありません。相手がついつい話したくなるように、主体的な聴き方をする、ということになります（英語でもアクティブリスニングと言います）。では、どうしたら相手は話したくなるのでしょうか。逆に言えば、私たちはこれまで、どんな聴き方をされたらリラックスして話がしやすかったでしょうか。以下にいくつかのポイントを記します。

①90度で座り、自然なアイコンタクトをする

相手に真正面から凝視されたら、目のやり場に困って話しにくくありませんか？　動物は本能的に他の動物の目が怖いものであり、人間も動物です。真正面に座られると視線がまっすぐ入ってきて、緊張感を感じやすくなります。他方、一番リラックスするのは真横に座ること（バーカウンターなど）です。ただ、緩すぎるのもどうかとなれば、真正面と真横の間、90度ぐらいで座ると（「徹子の部屋」における黒柳徹子さんとゲストの位置関係）、とて

も話しやすくなります。メンバーが話しやすい側（左右）の90度、距離感で座ると、目も自然に合ったり外れたりして、相手は話しやすくなります。

②相手のペースに合わせる

とても早口の人にゆっくりの相槌をしたり、声の大きい人に不釣り合いな小さな声で返事をしたりすると、やはり話しづらいということになります。スピード、大きさ、トーン、言葉遣いなどペースが合っていると安心感を持ち、相手は話しやすくなります。

③言い換え、要約をする（確認の質問をする）

「言い換えると、こういうこと？」「つまりこういうことかな？」のように言われると、どんな気持ちになりますか。自分の話に興味を持ってくれているのかな、もっと話してもいいのかな、と思うものです。これは、相手の言っていることを決めつける（ジャッジする）という意味ではもちろんなく、「こういうこと？」と確認の質問をするイメージです。「そうです」あるいは「いいえ、そうではなくて」と、相手はより話したくなります。

④相づちやオウム返しをする

相づちひとつ、オウム返しのひとつもしてくれず、無反応できかれることほど、話しづらいことはありません。「うんうん、それで？」「そうなんだ」「それって例えばどういうこと?」「悔しかったんだね」など、バリエーションが多いほど、相手はノって話してくれることでしょう。逆に言えば、「うん」一辺倒や「なるほど」ばかりですと、逆の立場の時、話しづらいと感じませんか。

⑤相手が話し（考え）終わるまで待つ

相手が話し終わるまで待つ。相手が考えているようであればちゃんと待ってあげる。そうすると相手はリラックスして話しやすくなります。同じ話が堂々巡りになってきた場合は、前項（④）で書いた、相手の価値観や意見の違いを一旦、しっかり受け止められているかをチェックすることをお勧めします。十分受け止められていないと、話し手は「まだ伝わってない、分かってもらえていない」と、何度も話してくる可能性があります。

相手を、人生の主人公として応援する気持ちで聴く

ところで、気をつけるポイントが①から⑤の5つもあったら、そっちが気になって、むしろ相手の話が入ってこないと言われることがあります。そうなると本末転倒です。もし1つだけを意識したら、これら5つのポイントも自動的にセットでついてくる、そんな方法があったらいかがですか？　それが、

「相手を、人生の主人公として応援する気持ちで聴く」

です。これは大真面目な話で、多くのプロコーチもそのような意識で傾聴しています。例えば、職場のメンバーとは、対面かオンラインで毎日のように顔を合わせます。しかし、いかがでしょう、私たちはメンバーのことを本当に深く知っているでしょうか。ビジネス上の付き合いでもあるし、深いところまではお互いに知らない。よくあることですね。深く知らない同士で一緒に仕事をしています。ただ、そんな相手でもすでに確実に分かっていることもあります。それは、どのメンバーも、これまでの人生（社会人、学生時代含め）で必ず、私たちと同じようにすごく頑張った経験があるということです。また、彼らも私たちと同じように、心がつぶれるほど辛い、悲しい経験をしているということです。そのことに少し思いを馳せると、メンバーのことがどう見えるでしょうか。

「…お互い大変だね。君も頑張っているんだね。お疲れ様」という気持ちになりませんか。

誰もが必ず、自分が主人公のドラマを、山あり谷ありの人生を生きています。いろいろあったけど乗り越えて、または乗り越えようとして今ここにいるのです。厳しい上司も、よく分からないと感じる若手も、反抗する子供も、誰1人例外はありません。私たちと会っていないはるかに多い時間も、内面で喜びや葛藤を抱えて生きています。そのことを少し想像した時に、「ちょっと彼／彼女の人生を応援してあげたいな」という気持ちになるのではないでしょうか。

それが、「相手を、人生の主人公として応援する気持ちで聴く」です。そうすると、前述した傾聴５つのポイントも自動的にできてしまいます。結果、相手は気持ちよく安心して話し、心を開いて信頼してくれるようになります。５つのポイントを個別に意識するより、「相手の人生を応援する気持ち」一点集中でやってみてください。

誰もが実は経験してきたやり方

具体的にどうしていいか分からない、という方は、思い出していただければ、必ずやったことがあるはずです。例えば、小さくてかわいい小学生がいるとします。自分の子ども、近所の子ども、甥っ子姪っ子などを想像してみてください。その子がこんなふうに言ったら、皆さんは何と言いますか。

「この前、ＵＳＪに行ったんだー」

「…それで？」とは言わないですね（笑）。「おお、ＵＳＪかー！　いいなあ。どうだった？」などと言うでしょう。これは、ＵＳＪの情報が知りたくて訊いているのでしょうか。

そうではないですよね。その子がせっかくＵＳＪに行って楽しかったと言っているので、喜ばせてあげよう、話させてあげようという、まさに相手の人生を応援する姿勢です。

あるいは、親友がこんなふうに言ったら何と言いますか。

「やっと彼女（彼氏）ができたよ、3年ぶりに」

やはり「…それで？」とは言わないですね（笑）。「おお、良かったなー！　どんな人？」などと言うでしょう。

「ちょっと優しい人かな」

「優しい人か〜、それが一番じゃない。どう優しいの？」

相手の人の優しさがどんな種類のものか、情報が知りたいわけではありませんね。親友が話したそうだから、気持ちよく話させてあげよう、まさに相手の人生を応援する傾聴です。

メンバーも同じです。うまくいっていてもそうでなくても一生懸命やっている。そのことを応援するように聴くのです。そうすれば、評価者である上司に対しても、安心して本心を話してくれるようになります。

傾聴が効果的か否かは、誰かに傾聴してもらって初めて分かります。新発売のシュークリームが本当に美味しいかどうか、食べてみないと分からないのと同じです。ぜひ仲間と協力して、「仕事で嬉しかったこと」などについて、傾聴し合って、実験してみてください。話し手をやってみて、「ああ、聴いてもらうってこんなに気持ちがいいんだ、この人にもっと話したい、聴いてほしい」と実感できると、メンバーに対しても質の高い傾聴ができるようになります。また、5つのポイントも自然とできていたことに気づくでしょう。

傾聴のタイミング

ところで、いつ傾聴するのでしょうか。1on1ミーティング中は必須です。そうでなければメンバーは本音を話せず、1on1ミーティングは機能しないからです。そして前述しましたが、1on1ミーティング中だけラポールを築こうとしても、普段の関係が殺伐としていたら、それも不可能になります。

しかし、普段から傾聴してくださいと言われても、時間がないという現状。結局、現実的ではないじゃないかと思われるかもしれませんが、**時間がないと傾聴できないということはありません**。例えば、私は職場でPCを打ちながら集中して仕事をしています。そんな時、社員さんから声をかけられます。「ちょっといいですか」と。普段、忙しい時はどんな対応をしていますでしょうか。PCの画面を見たまま、表情も変えずに「何？　ああ、いいよそれで」などとやりがちだと思います。

私はどうするか。集中している時に「ちょっといいですか」と声をかけられたら、PCから手を降ろして、体と顔を社員さんに向けて、少し口角を上げて「何？　ああ、いいよ。それで、よろしくね」と応対します。PCの画面を見たまま表情も変えずに回答するのと、かかる時間はほとんど変わりません。しかし、社員さんの反応は全く違います。前者の時も、社員さんの話の内容はきちんと聞いています。聞いているかどうかが問題ではなく、話し手から見て**「聴いてもらった感」があるかが大事**なのです。社員さんも一生懸命仕事をしているのです。声をかけるのも気を遣ってくれています。少しだけ、そこに想いを馳せて、社員さんの人生を応援するような姿勢で聴く。それで信頼関係が全く変わってきます。再三のことで恐縮ですが、傾聴の目的は相手に気持ちよく安心して話してもらうことであって、時間がないとできないというものではないのです。これはプライベートでも同じです。

こちらが知りたいことではなく、相手が話したいことを話してもらう。どんなことに関心を寄せているのか、どうして関心を寄せているのか。そのことについてどう感じているのか、どう考えたのか。どうしてそうしたかったのか、どのような学びや気づきを得たのか。正解や不正解ではなく、想いや感情を聴く。そのようなあなたのあり方にメンバーは心を許し、イキイキと話し出すことでしょう。

8　オンラインで信頼関係を築くポイント

オンライン・コミュニケーションは、対面でのそれより、信頼関係を構築する際に難易度が上がる部分があります。皆さんの実感はいかがでしょうか。

テレワークが増えて恩恵もたくさんありますが、一方、お互いの仕事振りが見えない、ちょっと聞きたい時に捕まらない、放置されて孤独感、マイクロマネジメントされるなどストレスを感じている人も少なくありません。

これらが積み重なると、関係の質が下がり、組織へのロイヤリティが低下したり、チームワークが悪化したり、メンタル不調者が増えたりする可能性もあります。

こんな時、上司としての大切にしたいマインドセットはどのようなものでしょうか。

◇頻繁に会えない時こそ、関係の質を大切にする
◇メンバーの不安や不満を早期、定期的に取り除く
◇メンバーと共に危機を乗り越え、リーダーとして信頼される

◇メンバーを管理するのではなく、気持ちよく仕事に集中してもらえる環境を作る
◇それにより、メンバーの自律性を引き出す
などが考えられます。

これらを実現しようとする時、定期的に開催し、メンバー主体の対話を行う1on1ミーティングは、最適な方法のひとつです。その効果を高める秘訣をいくつかご紹介します。

◇心理的安全な場作りのため、お互いに顔を見せ、双方の調子や感情に関心を寄せる
◇表情、承認、傾聴によるリアクション（うなづき、相づちなど）は3割増の意識で行う
◇表現豊かに話すことを心がける
◇不安なことや分からないことは遠慮せず言葉に出す
◇相手が話し終わるまで、ゆったり待つ
◇感謝や思いやりを表現し信頼を伝える。お互いにどう相手をサポートしたいかを伝える
◇有意義な場を作り上げるべく、お互いに協力する

「一座建立《いちざこんりゅう》」という考え方があります。千利休の言葉で、「主客が共に一体感が生じるほどの良き場にする」という茶道の心構えです。招いた方も、招かれた方も、協力して良き場を作り上げるのです。お互い少しでも良い1on1ミーティングを作り上げるために、どうする

のがベストか（「お互い、顔が見えた方が安心だね」など）話し合い、協力し合うことが大切です。

9　自己肯定感を高める

ラポール醸成を阻む要因は、メンバー側にもあります。「自己肯定感」が非常に低い場合です。

自己肯定感とは、自分の良い面も弱い面もそのまま肯定できる感覚、「私は私でよい」と思える安心感です。それが非常に低い場合、「自分なんて周りの人たちに比べてダメだ」「結果を出さない限り、自分に居場所はない」など、周りの目を気にして不安になり、無防備に心を開けないのです。物事を否定的に捉えがちで塞ぎ込んだり、キチッと〝優等生〟でいなければと本心を明かさないようにしたりします。

後者の場合、側から見ると結果を出して優秀で、とても自己肯定感が低いようには見えないケースもあります。しかし「こんな私ではいけない、もっと鍛えなければ」と高いバーを設け努力し、そこに至らないと自分を責めたりします。素の自分ではいけないと思うので緊張を緩めず、なかなか本心を明かさない。そこに安心感はありません。無理に褒めたり否定したりするのではなく、上司自身の弱みを開示したり、存在承認や傾聴したりすることで、徐々に安心感を醸成していくのです。

では、そうしたメンバーにはどう接していけばよいでしょうか。

また、メンバー自身ができることもあります。できたこと、やったことを日々記録することです。「結果として目標未達に終わったが、最後まで諦めなかった」「自らのミスを認め、キチンと詫びることができた」など、自分を褒めるのではなく、事実をニュートラルに認めるのがポイントです。褒める発想ですと、「こんなの褒めるに値しない」と、無意識のバーを設定するからです。実際に日々の記録にチャレンジされた多くの方からは、以下のような言葉をいただいています。

「紙に書くとスッキリして、自分自身を知ることができる。人に何か言われても、感情の浮き沈みが減った」

「周りを気にしなくなってきて、まるで太平洋のような心境だ」

焦って相手を変えようとすることなく、「相手は変わりたい時に変わるのだ」くらいの気持ちで応援し続けることがポイントです。粘り強く温かく接し続けることで、私たちの心も磨かれます。

10　第1フェーズで扱うテーマの例

1on1ミーティングでは、メンバーが話したいことを話します。したがって、基本的にテーマはメンバーが持ってきます。しかし、2週間に1回など定期的に行うなかで、「今回はテーマを思いつきませんでした」ということはあり得ます。そんな時は、テーマの例をレストランのメニューのように見せて、「この中でどんなことを話してみたい？」と訊いてもよいと思います。メンバーの立場になって想像しても、特に悪い気はしないのではないでしょうか。

テーマは、全て第二象限のものですが、内容はフェーズによって異なります。ここでは、第1フェーズ「心理的安全性（安心感）の醸成」におけるテーマの例をご紹介します（第2フェーズ以降のテーマ例は、それぞれのフェーズの箇所で後述します）。

冷えきった関係の相手や心理的安全性がまだできていない相手にコーチングの質問をすると、メンバーにとってストレスを与える可能性があります（第2章参照）。したがって、自

図表 5-6　第 1 フェーズにおけるテーマの例

よりハードルが低いもの、すぐに取り掛かれるものを最初のほうに、だんだん心を開いてきたメンバー向けのテーマを後のほうに記載。

- 上司側からの、プライベートや失敗談などについての自己開示
- 最近の心身の健康状態について
- 日頃の業務や在宅勤務に関する不安や悩み、疑問などについて
- 最近、感じていることについて
- 過去の経験（学生時代も含め）や尊敬する人などについての話をきっかけにして、メンバー自身が大切にしたいこと、幸せな働き方などについて
- メンバーが聴いてほしいと思っている、個人的な悩み（健康、家族など）について

己開示、存在承認、傾聴などが基本的な接し方となります。そして安心感が醸成されるまでは、第1フェーズに止まります。ラポールなくしてコーチングなしなのです。テーマの例を図表5－6にまとめてみました。

プライベートのことも、メンバーが自ら相談したいと言えば、1on1のテーマになり得ます。

こんな素晴らしい部長さんがいました。1on1ミーティングを繰り返すうちにメンバーがだんだん心を開いてきて、ある日こう相談されたそうです。

＊　＊　＊

メンバー「あの、1on1ではプライベートなことも相談していいと言われましたが本当ですか？」

部長「もちろん。私で良かったら聴くよ」

メンバー「実は、父が病気なんです。近々手術を受けるのですが不安で……。言い訳のようで申し訳ないのですが、どうしても気になって、仕事の集中力が……」
部長「そうだったんだね。聴かせてくれてありがとう。うん、それで？」

（中略）

部長「実はね、あなたのお父さんの病気、私の父もかかってかかったことがあるんだ。父を助けたいと思って、当時集めた資料がまだあったはずだから、よかったら送ろうか」
メンバー「え！　いいんですか？　じゃあ、お言葉に甘えて、お願いします」

＊　＊　＊

メンバーはそれから少し元気を取り戻し、結果的にお父様の病気も治り、部長との信頼関係が一気に深まりました。そして、生産性も上がっていきました。
まず、相手の人生を応援する。相手は感情をもった人間です。生産性は、「結果として」上がってくるものではないでしょうか。

この章の最後に、「すでに冷え切っているメンバーとの関係構築はどうしたらいいですか？」と聞かれることへの私なりの回答を申し上げます。

「一旦、上司部下という関係を忘れて、人間対人間として、正直さと愛情と忍耐を持って向き合うこと」です。具体的にできることは、第3章、4章、5章に書かせていただいたことです。

特に、「このような関係になったことは、お互いに要因があると思う。自分としては悲しい。少しずつでも改善できればと思う。自分にできることはやっていきたいのだけど、あなたはどう思う?」と、Iメッセージで本心を伝え、「北風と太陽」の太陽のように、相手の反応如何に関わらず、向き合い続けていくことだと思います。

望む結果になるかは分かりませんが、その向き合った自身の経験は、確実に今後の人生の糧になります。私たちが人として成長できるからです。応援しています。

第6章

第2フェーズ：メンバーからできる感とモチベーションを引き出す関わり方

第1フェーズの心理的安全性（安心感）が醸成できたら、第2フェーズの「動機づけられる、頑張る理由を見つける」準備が整ったことになります。

メンバーは素直に本音を話してくれ、何のために働くのか、それをすることは自分にどんな価値があるのかなど深い話ができるのです。

1　人はコントロールできない

カギは「べき」ではなく「たい」

「頑張れば表彰される可能性があるし、ボーナスも上がるかもしれない。もっとやればいいじゃない。なんでやらないの？」

「お客様のお陰で俺たちは食べさせてもらってるんだから、もっと本気で尽くすべきじゃないの？」

「自分で、これをやるって言ったじゃない。なんで続かないの？」

モチベーションは論理ではなく感情です。いくら正しさを語ったり、手を替え品を替え人を思い通り動かそうとしたりしても、人の心はコントロールできません。メンバーの内側から、「本気でそうしたい！」という感情が湧き上がるかどうか、それがポイントです。

人間の脳は三重構造になっていて、最も内側に脳幹、その外側に大脳辺縁系、最も外側に大脳新皮質となっています。それぞれの役割は、脳幹が食欲、呼吸、意識など「生命維持」を司り、大脳辺縁系が喜び、悲しみ、恐れなど「感情」を司り、大脳新皮質が言語、論理、道徳心など「思考や理性」を司っています。

図表6-1　人間の脳の三重構造

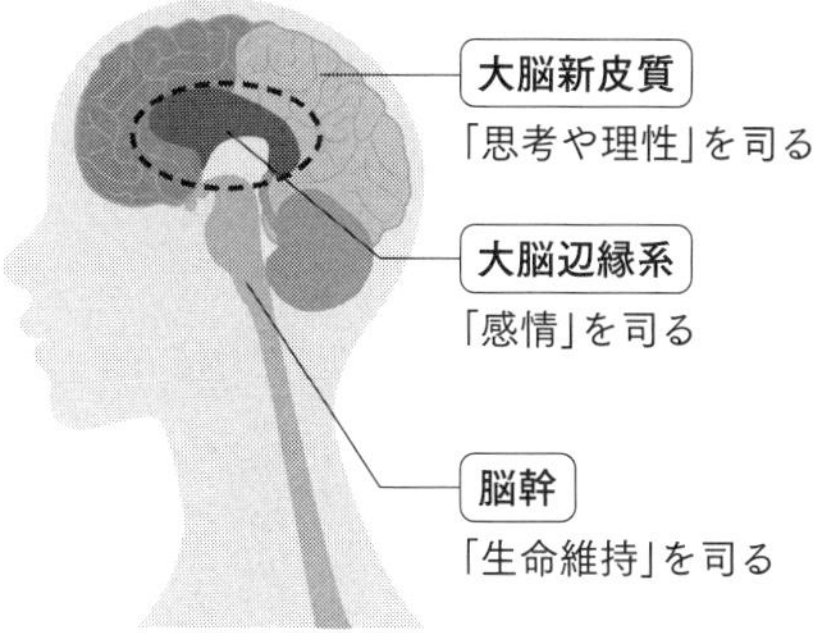

赤ちゃんの行動を見ていると、人間は本能的には大脳辺縁系による感情で動きたいように動いていると考えられます。大人になるにつれ、社会で生きていくには感情をコントロールしなければならない、理性的な判断や論理的な思考が必要であるとなって、大脳新皮質が発達してくる。動物としての進化も同様だそうです。

こんな経験はありませんか。期末テスト前だから勉強すべきだと分かっている（大脳新皮質：論理）けど、つい漫画を読みたい、勉強したくない（大脳辺縁系：感情）。私にはよくありました。この話からも分かるように、「べき」と「たい（たくない）」の2つが戦うと、往々にして「たい」＝感情が勝ちそうです。もちろん自分を強く律することのできる人もいますが、主体的に長続きさせることのできる人は、その先に待っている気持ちの良い感情を感じているか、あるいは勉強そのものが楽しくなった（感情）からやっているのではないでしょうか。

つまり、「べき」ではなく、「たい」が、主体的に行動でき、継続させられることのキーなのです。

もちろん、常に感情を全開に、腹が立ったらところ構わず怒りをぶつける、ということでは社会では生きていけません。社会人として、感情をコントロールする「べき」です。その上で、目の前の仕事にポジティブな感情を持てるかどうか。人が内側から動機づけられているのは、まず動物と共通する感情脳が「やりたい！」と決断し、人間らしい理性脳がその決断を後づけで正当化している状態だと言われているのです。

2　人は痛みを避け、快楽を求める

人が主体的に動くのは感情がキーだと書きました。では、具体的にはどのような感情でしょうか。

「痛み」と「快楽」

嬉しい、悲しい、したい、したくないなどいろいろありますが、精神科医のフロイトは、根源的には2つの欲求だと言っています。1つは「痛みを避けたい」、もう1つは「快楽を得たい」です。「痛み」とは、苦痛、恐れ、不快、怒り、悲しみ、孤独感、嫌悪感などです。「快楽」とは、楽しみ、安心、快適、喜び、自由、愛、達成感などです。

痛みを避けたいのは、「縄張りを侵す者を攻撃しよう」「外敵から逃げよう」といった、人類が生き残るために大脳辺縁系から発せられる本能であり、不可欠、不可避なものです。ノルアドレナリンという神経伝達物質が出て、緊張感や危機感を生み出し、自発的なアクションにつながります。

一方、快感や意欲を司るのはドーパミン、安らぎや充足感を司るのはセロトニンと言われ、やはり本能的にそれらを得たいと感じ、自ら行動します。

例えば、ある人が主体的にセミナーに参加したいと思ったとすれば、それはなぜでしょうか。「これ以上、後輩に業績で負けるのは嫌だ。逆転のきっかけをセミナーで摑みたい」と思ったのかもしれません。痛みを避けたかったのです。また別の人は「セミナーで得た知識で、お客様にもっと喜んでいただいて、より信頼されるようになりたい！」と、快楽を得たかったのかもしれません。つまり同じ行動でも、人によって違う理由で起こしています。

言い換えれば、人はどんなことに痛みを感じ、快楽を感じるかが違うということになります。おそらくあなたとメンバーでは、痛みを感じたり快楽を感じたりするポイント、すなわち「価値観」が異なるのです。

「頑張れば表彰される可能性があるし、ボーナスも上がるかもしれない。もっとやればいいじゃない。なんでやらないの？」と、上司の価値観を押しつけても、メンバーには響かないのです。

「動機づける」ということ

何が痛みで何が快楽か、相手の価値観が理解・共有できて初めて、相手を動機づけることができます。ただ、「あなたの価値観は何？」と直接訊いても、通常は質問の意味が分からず、答えられるものではありません。それを引き出す方法は後述します。

ところで、痛みと快楽は、どちらの方がより強い動機づけになるでしょうか。「明日までに借入を返済しないと、ブラックリストに載ってしまう！」と思うと、強烈な痛みが走り、何をさておいても返済するように即行動するかもしれません。一方、「毎日30分走れば、夏までには理想体重になれる計算だ。明日から頑張ろう」とワクワクの快楽を感じても、翌日すごい雨だったりすると、「明日からでいいか」となるかもしれません。

つまり、痛みを避ける動機づけの方が、即効性があり強いものであることが分かります。しかし、だからと言って毎月のようにブラックリストの恐怖が襲ってきたらどうでしょう。心身ともに疲弊し、ついには投げ出したくなるかもしれません。

一方、快楽を得るモチベーションは、痛みによるものに比べれば遅効性で、徐々に上がってくるかもしれませんが、いざ上がってくれば長続きします。

したがって、メンバーに自律的、持続的にありたい姿に近づいていってほしいのだとすれば、それには感情の中でも、特に快楽を得るモチベーションを摑んでもらうことをサポートしたいものです。

3　外発的動機づけと内発的動機づけの違い

動機づける方法には、外発的動機づけと内発的動機づけの2つがあると言われています。

外発的動機づけとは、報酬や賞罰、昇降格などといった、外部からの働きかけによって生まれる動機づけです。それに対し内発的動機づけとは、報酬目当てでなくその行為をすること自体に喜びが生まれるような、人の内側から湧き上がる要因によって生まれる動機づけです。そのことに対する強い興味や関心、そこから生まれるやり甲斐や達成感などがエネルギー源となります。

図表6－2に、それぞれの一般的なメリットとデメリット（難しさ）をまとめました。ご覧いただければお分かりのように、自律型人財を育成する目的においては、内発的動機づけで快楽が得られるようサポートしたいものです。それには、端的に言えば、「個別対応」と「中長期の取り組み」が必要です。すなわち、1on1ミーティングはそのためのもってこいのツールとなります。

なお、補足ですが、外発的動機づけによって行動をしているなかで次第に興味や関心が生

図表 6-2　外発的動機づけと内発的動機づけのメリット・デメリット

【外発的動機づけ】

メリット	デメリット（難しさ）
●興味関心がない作業でも早く終わらせられるよう、集中力を高めることができる ●効果が短期間で表れやすい ●「報酬を与える」などシンプルに実施できるため、誰にでも実践しやすい	●コストをかけても、受け手はその報酬にすぐに慣れ、熱が冷める可能性がある ●受動的な動機づけであるため、自律性や持続性が弱い ●報酬などのみを目的にすると、最低限の労力でそれを得ることを考えたり、それを得たら満足してその後の努力をやめてしまったりする ●それゆえ創造性や仕事そのものの価値、貢献度を高めにくい

【内発的動機づけ】

メリット	デメリット（難しさ）
●楽しさや好奇心、探究心が基になっていることが多いため、損得に関わらずモチベーションが続き、燃え尽きない ●行動すること自体が目的のため、高い集中力や行動量、クリエイティビティを発揮しやすい ●やりたくてやるので、満足感や充実感、やり甲斐を感じやすい ●内面から生じるやる気なので、コストがかからない	●どんなことに楽しさや興味、関心を持つか、人によって価値観が異なるため、個別対応が必要である ●個人と会社の価値観の共有ゾーンを見つける必要がある ●したがって、短期的には効果が出にくい場合がある ●すでに内発的動機づけされている行動に対して、「報酬を与えるからやって」などと外発的動機づけを行うと、かえってモチベーションを低下させる可能性がある（アンダーマイニング効果）

まれ、内発的動機づけへと変化していくこともあります。したがって、外発的動機づけとしての会社の仕組みを「内発的動機づけを生み出すキッカケ」として活用できると、両方の動機づけのメリットを活かすことができます。例えば、最初は報酬目的（外発的動機づけ）で始めたが、そのうちにその仕事が自分の価値観に合うことに気づき、仕事自体が楽しくなった（内発的動機づけ）、などです。

4　やり甲斐を感じる目標と、そうでない目標の違い

自分の目的・ビジョン・価値観が「見える化」しているか

内発的動機づけがされていないメンバーには、一体何が起きているのでしょうか。

どんな人も「本当はこんな人生だったらいいのに」とか、「こんなキャリアだったら魅力的なのに」とか、あるいは「こんなことが日々満たされていたら、とてもやり甲斐があるのに」というような、ビジョンや価値観のようなものを持っています。ただ、多くの場合、それは顕在化（見える化）していないのです。

ところで、なぜどんな人も、ビジョンや価値観があると言えるのでしょうか。

「こんな人生は嫌」とか、「こんな職場では楽しく働けない」などというように、嫌な場合は嫌という反応を、少なくとも心の中では私たちはするからです。ということは、「本当はこうだったらいい」というものが根底にあり、それが満たされないから嫌という感情が湧く、ということではないでしょうか。

ですが、多くの人はビジョンや価値観、言い換えると、「個人的な目的」が明確になっていません。そういうところに、会社から、その個人的な目的との関連性がよく分からない目標を与えられます（図表6－3の図1）。すると、会社の仕事は単に生活費を得るための手段となり、外発的動機づけのみ、という状態になるのです。外発的動機づけのみとなりますと、前述した通り、その報酬にもすぐに慣れ、最低限の労力でそれを得るなどということを考えがちです。また、それを得たら満足してその後の努力をやめてしまったりする可能性も出てきます。「就業時間中会社にいて、やれと言われたことをやっているのに、どうしてこれ以上モチベーションを上げろなどと言われなければならないんですか？」と、下手をするとハラスメントとも取られかねない状況が起きるのです。

図表 6-3　本人の目的と会社の目標との距離感

【図1】

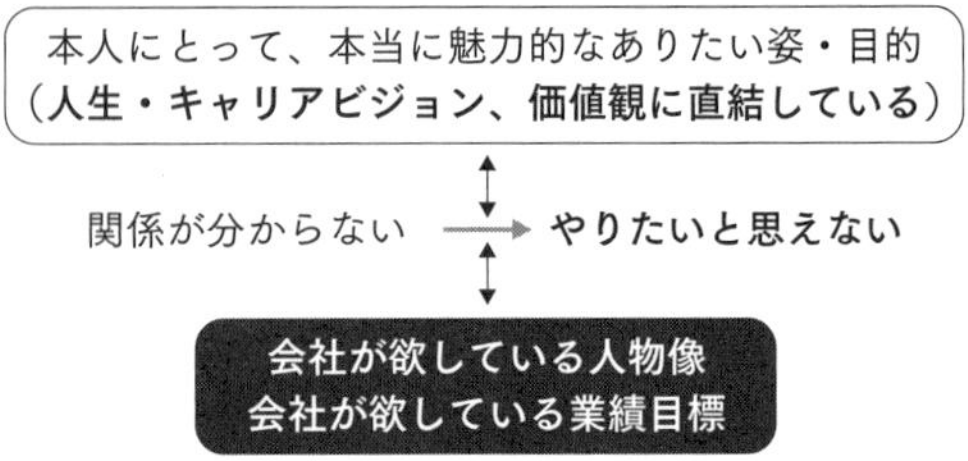

【図2】

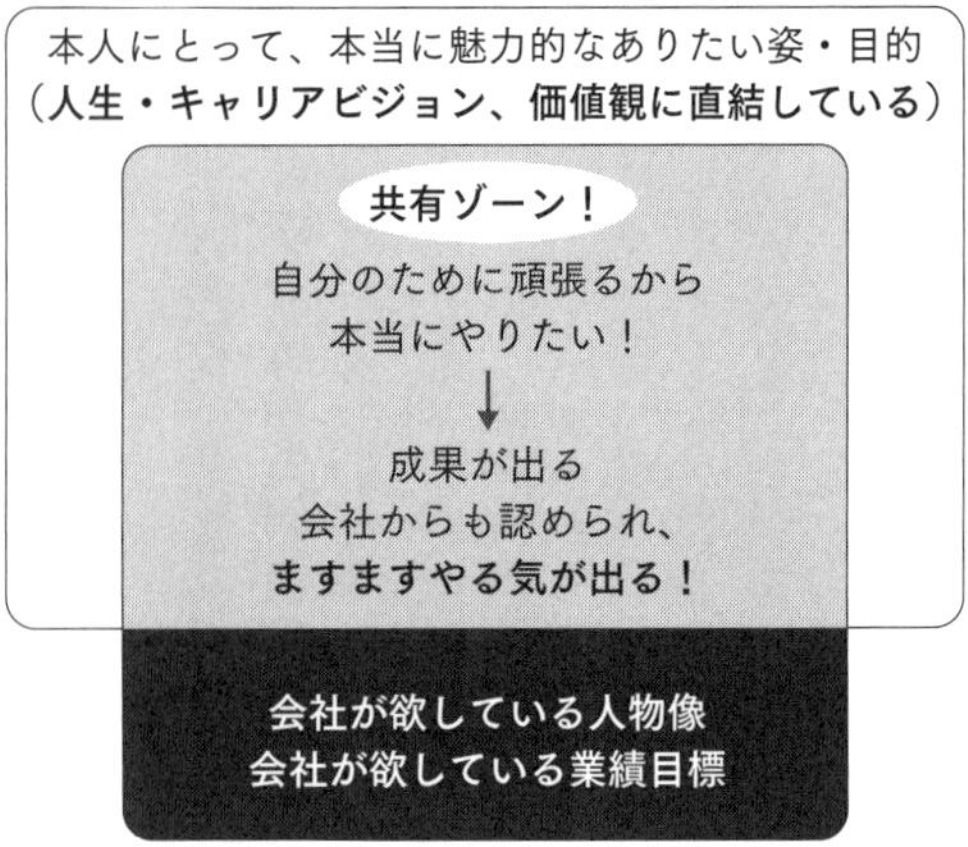

内発的動機づけを行う3つのステップ

では、どのようにして内発的動機づけを行えばいいのか。通常の面談では、会社の目標について先に話すことが多いのではないでしょうか。ここでは、それを一旦、横に置くのです。

〈ステップ1〉

まず、本当はどんな人生だったら幸せなのか、どんなキャリアプランだったらワクワクするのか、どんなことが日々満たされると気持ちよく働け、やり甲斐を感じるのか、などということについて深く引き出していきます。どれも1on1ミーティングにふさわしい、第二象限「重要だが緊急ではない」テーマです。そうすると、自分はこうなりたいのだ、自分にとってはこれが欠かせない大切なポイントなのだ、などということに気がついていきます。

〈ステップ2〉

その後で、「会社は、あなたにこんなことを求めていますよ」と、会社の目標を伝えます。

〈ステップ3〉

そして、〈ステップ1〉と〈ステップ2〉の共有ゾーンを見つけるのです。そうすると、自分のためにやっているのに会社のためにもなっている、Win－Winの状態が作り出せます（図表6－3の図2）。〝やりたい〟という内発的動機づけが効いているので、高い集中力や行動量、クリエイティビティを発揮しやすく、しかも持続します。必然的に良い結果も出やすく、自分も充実感を味わえ、会社にも感謝されるのです。

「3人のレンガ積み」というたとえ話を聞いたことがあるでしょうか。重そうなレンガを1人の男が運んでいます。その人に訊きました。「今、何をしているんですか？」

するとその男は、「見りゃ分かるでしょ、レンガを運んでるんです。重たいんです」と言いました。

その後、別のレンガ積みの男が向こうから来たので、2人目にも同じ質問をしました。

すると、「今、生活費を稼いでるんです。大変なんです」と言いました。

3人目も来たので同様に訊きました。

すると、「今ね、歴史に残る大聖堂を作っているんです。歴史を作ってるんですよ！」と目を輝かせながら言いました。

3人とも「何個のレンガをどこにどう積む」などの業績目標（図表6－3の図1、図2の一番濃い網掛け部分の右下）は一緒です。しかし、個人的な目的（同じく図1、図2の薄い網掛け部分の右上）が明確になっているのは3人目のみです。1人目は何となく（？）働いています。2人目は、生活のために仕方なく従事しています。つまり、外発的動機づけのみされている状態です。生活費のためにやっているので、別にこの仕事でなくてもいいということになります。3人目は、仕事ではあるものの、本人にとってもワクワクする楽しいことに取り組んでいます。つまり、内発的動機づけが効いています。すなわち、個人的な目的が見つかり（ステップ1）、その上で業績目標（ステップ2）との共有ゾーンが見つかった（ステップ3）、メンバーも会社もＷｉｎ－Ｗｉｎになった状態です。

5　未来がすぐには描けないメンバーへの関わり方――ビジョン型と価値観型の違い

ビジョン型と価値観型

ところで、メンバーに「君は将来、どうなりたいの？」と訊いても、なかなか答が出てこないということはないでしょうか。そんな時、「将来のことなんか何も考えてないんだな」とジャッジする前に、実は知っておくとよい考え方があります。メンタルコーチの平本あきお氏による「人のやる気が出やすい傾向は2種類ある」という考え方です。

ひとつは「ビジョン型」といい、未来に実現したい「ありたい姿」を明確にして、「あの姿に辿り着きたい！」とモチベーションが上がる人です。例えば、5年後には私は（明確に）こんな部長になっていたい。逆算すると2年後にはこんな課長になって、そのためには1年後に課内でこれくらいの実績を出し、中心的な存在になっている必要がある。だから今月の目標はこの数字で、今日やるべきことはこれとこれだ。……よし、今日も目標に近づいた！このようにして未来の達成に向けて逆算して今日を生きると、モチベーションが上がる人です。

もうひとつは「価値観型」といい、「自分にとって大事なことで、1日1日を満たしたい」と思うことで、モチベーションの上がる人です。例えば、「常にお客様の立場に立って対応し、数字はお客様の笑顔の証。そんな仕事の仕方をしたい」「プロとして、どこまでも完璧を目指す。神は細部に宿るという仕事をしたい」「誰か1人だけ勝つのではなく、チームみんなで勝つマネジメントをしたい」など、自分らしくこだわるなかで日々充実感を感じ、それをやり続けることで、現在位置から徐々に高い山に登っていくと、モチベーションが上がる人です。

どちらが良いということはなく、どちらがやる気が出やすいか、いわば好みの問題です。

そして、どちらの型でも成功することは可能です。分かりやすくビジョン型であろうと思われる有名人は、例えば元メジャーリーガーのイチローさんやプロサッカープレーヤーの本田圭佑選手などでしょうか。お2人の小学校の卒業文集には、このように書かれていました。その結果どうなったかは、ご存知の通りですね。

イチローさん

「ぼくの夢は、一流のプロ野球選手になることです。そのためには、中学、高校でも全国大会へ出て、活躍しなければなりません。（中略）高校を卒業してからプロに入団するつもりです。そして、その球団は、中日ドラゴンズか、西武ライオンズが夢です。ドラフト入団でけいやく金は、1億円以上が目標です。」

本田圭佑選手

「ぼくは大人になったら、世界一のサッカー選手になりたいと言うよりなる。世界一になるには、世界一練習しないとダメだ。だから、今、ぼくはガンバッている。（中略）Wカップで有名になって、ぼくは外国から呼ばれてヨーロッパのセリエAに入団します。そしてレギュラーになって10番で活躍します。一年間の給料は40億円はほしいです。」

一方、例えば落語の人間国宝になる人。その人はビジョン型のようなアプローチをしたのでしょうか。「私は70歳で人間国宝になるために、60歳でこれを達成して、50歳までにこれだけの実績を積み上げて、したがって今日やるべきことはこれとこれだ」

……そのようには、していなさそうではないですか？　「今日の寄席も全身全霊でお客さまにお届けする」「お客さまを心から笑わせて泣かせたい」「もっと芸を磨いて磨ききるためには」というように、自分が信じる価値を守りつつ最大化し、邁進し続けた結果、だんだんと高い山を登り、いつのまにか誰も到達できない高みまで来ていた。そのようにして成功されたのではないでしょうか。つまり、価値型のアプローチです。

まずは「価値観」を明確化してみる

どちらが良いとか悪いとかいうことではないと、ご理解いただけたでしょうか。皆さん自身はどちらの方が、モチベーションが上がりますか。

ビジョン型の人には、「あなたは将来、どうなりたいの？」と未来への質問をすると、ストレートに響くことでしょう。一方、価値観型の人に未来への質問をしても、うまく答えられないかもしれません。その代わり、〝過去〟や〝尊敬する人〟などに関し質問すると、モチベーションスイッチたる価値観の片鱗が見えてきます。

「過去、とても楽しかった、嬉しかったのはいつ？」「夢中だった、すごくモチベーションが上がった時、何をやっていた？」「何が満たされたから、あなたはそんなに楽しかったんだろう？」「あなたにとって、何が大事？」

「過去、とても辛かった、苦しかったのはいつ？」「どうしようもなくモチベーションが下がっていた時、何をやっていた？」「本当は何が満たされる必要があった？」「あなたにとって欠かせない、大切なものって何だろう？」

「あなたが尊敬する人、好きな人は誰？」「その人のどんなところに惹かれている？」「どうしてそこに惹きつけられるんだろう？」「あなたにとって大事なことって何？」

これらの問いかけへの答えが、価値観を明確化するヒントです。先ほど、ただ直接「あなたの価値観は何？」と訊いても、通常は質問の意味が分からず、答えられないと書きました。このように、感情が大きく動いたエピソードを引き出すことで、価値観への気づきが得られるのです。なぜなら、価値観が十分満たされている時、ポジティブな感情が大きく湧き起こります。逆に大切にしている価値観を虐げられた時、ネガティブな感情で満たされ元気が出ないからです。また、自身が大切なことだと感じている価値観を体現している人を見ると、好ましい感情が湧くからです。

「将来、どうなりたいの？」と訊いてもなかなか答が出ないメンバーがいたら、「何も考えてない」とジャッジする前に、価値観型へのアプローチをぜひ試してみてください。

コラム

「すごいね……どうしてそこまでできたの？」

弊社の社員さんが入社して間もないころ、雑談の中でこんな話をしました。

「今まで一番夢中だった、頑張ったなーと感じるのはいつ？」

「そうですね、高校のバレー部でキャプテンやっていた時ですね」

「おー、キャプテン！　すごいね。キャプテンやってどうだった？」

「全然ガラじゃないって思ったんですけど、顧問の先生に言われてやって、とにかく必死でした。ある時、近くの学校と練習試合をして、ボロ負けしました。キャプテンとしてめちゃくちゃ責任を感じて、相手の学校の職員室まで行って、バレー部の顧問に直談判しました。『失礼を承知で申し上げます。うちのチームのなにがいけないのか、教えてください！』って」

社員さんのソーシャルスタイルはアナリティカルなので、もともと社交的なタイプではありません。おそらく、決死の覚悟だったのでしょう。

「それから、練習をし過ぎて肩を壊しました。でもキャプテンが痛い顔をしていると、みんなが不安になるかもしれないと思って、一切顔に出しませんでした。だから、たぶん卒業まで誰にもばれていないと思います。でも、本当はサーブを打つ度に泣きそうでした」

「すごいね……どうしてそこまでできたの？」

「とにかく必死で……」

話していると、〝引き受けたからには、責任を果たさないのは嫌〟、〝少しでも仲間に貢献したい〟、〝自分自身、成長したい〟などといった価値観があることに、自ら気づくことができました。それ以降、私も極力責任のある仕事をお願いしたり、我々の仕事がどんな貢献なのか、誰がどう喜んでくださる仕事なのか話し合ったり、この達成／失敗経験でどんな成長ができたのか確認し合ったりしています。そうすることで、その社員さんは〝個人的な目的〟と〝会社の目標〟の共有ゾーンで働くことができ、本当にいつも高いモチベーションでいてくれます。そして、それらの価値観を満たした未来、働き方について話し合うことで、キャリアビジョンも段々と見えてきています。

同じ仕事でもその人個人の目的を共有することで、メンバーと上司の関係が「仕事をやらされる人とやらせる人」の関係ではなく、「主人公と応援者」の関係になり、関係の質が全く変わってくることを実感しています。そして価値観型の人も、魅力的なビジョンを描けるのです。

6 「価値観」スイッチで本気を引き出す！

前項のように〝過去〟や〝尊敬する人〟などに関して質問することなく、より簡易的に（その分、少し浅くはなりますが）価値観を共有する方法もあります。図表6－4で、仕事で得たいと感じる価値観に、1位から12位まで優先順位をつけてみてください。同率1位などがあっても大丈夫です。

図表6-4　仕事で得たいと感じる価値観

価値観	内容	自分		
承認	上司・同僚・メンバー・顧客から認められること			
名誉	成果について周囲から高い評価を得ること			
成長	自分の人格・人間性を高めること／スキルアップすること			
信頼	上司・同僚・メンバー・顧客から頼りにされること			
達成	仕事をうまくやり遂げたという達成感			
金銭	仕事で得られる報酬			
自由	仕事のやり方・進め方を自分で決める自由			
安全	現在の状態（地位・収入・人間関係）が確保されること			
貢献	組織（同僚・上司・メンバー）や顧客の役に立っているという実感			
家族	家族と一緒に過ごす時間とその充足感			
責任	自分の業務・成果について任務や義務を負い、それを果たすこと			
独立	自分の手で何かを成し遂げているという感覚			

このワークをもしメンバーにもやってもらったら、あなたと同じ結果になるでしょうか。かなり違う結果になりそうではありませんか？

まず分かることは、同じ仕事をしていてもどの価値観でも得られるということです。繰り返しになりますが、同じ仕事を、異なる目的でやって構わないことになります。もし優先順位トップ3が、毎日の仕事で得られたとしたらいかがでしょうか。「いや〜、なんていい仕事なんだ！」と自然にモチベーションが上がりませんか？　また、そのトップ3が将来得られると明確にイメージできたらいかがでしょうか。「なんて魅力的なキャリアプラン！」とワクワクするはずです。逆に言えば、キャリアプランを考える際、「どんな部署でどんな仕事」と詳細を考える前に、「どんな自分になりたいか？（ビジョン型）」「どんなことを満たせる毎日にやり甲斐や楽しみを感じるか？（価値観型）」を少しでも明確にした上で、それを満たせる職場や職務を考えないと、いくらそのプランを眺めても「これでいい」としっくりくるのは難しいと思います。職場や職務の選択は手段であって目的ではないはずです。

価値観をお互いに共有してみる。そしてそれが満たされることをお互いに応援し合い、サポートし合っていく。毎日が楽しくなりませんか？　1日の大半を仕事に費やす以上、それは幸せな人生に直結しませんか？

コラム「あと2年で定年なんだから……」

「現状に満足している、定年に近いベテランメンバーのモチベーションが低くて困っています」

このように言われるマネジャーの方によくお会いします。

「あと2年で定年なんだから、大禍なく過ごしたいだけ。モチベーションを上げろなんて言わないくれ」とおっしゃる気持ちは、何となく分かる気はします。ただ、マネジャーとしてそれを見過ごすわけにはいかない、となると、メンバーと上司の関係が「仕事をやらされる人とやらせる人」の関係となり、利害がぶつかってしまいます。どうすれば、「主人公と応援者」の関係になれるのでしょうか。

仮に60歳で定年として、その後はどうするのでしょうか。男性ならそこから平均20年以上、女性では30年近く人生が続きます。実に、社会人人生の半分強の長さがまだ残っているのです。セカンドライフでどんなことを実現したいか（ビジョン型）。どんな毎日を送りたいか（価値観型）。忙しくて行けなかった旅行やゴルフをしたい、長年の経験を活かしてコンサルタントとして独立したい、家族で仲良く暮らしたい、ポカポカ温かい日に河川敷で寝転んで本を読みたい……

ところで、私は独立してみて痛感していることがあります。それは、会社員時代、いかに恵まれていたかということです。毎月決まった日に定額の給与が振り込まれ、通勤費や研修費は会社が出してくれ、社会保険料も一部負担してくれ、コピーも取り放題です。会社を辞めると、何もありません。コピー用紙から何から全て自腹です。

定年退職すると、基本的には収入は年金くらいしか確定していません。定年までのあと2年、大禍なく過ごしていれば、本当に望むようなセカンドライフは手に入るでしょうか。あらゆる面で恵まれているこの残された時間をどう過ごすか、それが第二の人生を大きく左右するのではないでしょうか。安定収入があるうちに資格を取っておく、質の高い仕事で定年後も社内外から求められる存在でいる、人脈を作る、貯金するなど、実は「時間がない」と言いたいくらい貴重な時なのです。

1on1ミーティングで、マネジャーから「どんなセカンドライフを送りたいとお考えですか?」と、深い信頼関係のもと真剣に寄り添われたら、「仕事をやらされる人とやらせる人」ではなく、「主人公と応援者」の関係になるのではないでしょうか。

7　原因論型コミュニケーションから、目的論型コミュニケーションへ

原因が、現在の状況を作り出している？

上司と営業社員の、以下のような会話が聞こえてきました（上：上司、メ：メンバー）。

上：「本田、進捗はどうなってる？」
メ：「すみません、予定よりも30％遅れてます」
上：「なぜ遅れているんだ？」
メ：「……十分な件数の電話ができていないからだと思います」
上：「分かってるのなら、なぜさっさと電話しないんだ？」
メ：「時間がなくて……」
上：「他のメンバーはやってるのに、なぜ本田だけ時間がないんだ？」
メ：「……私の仕事が遅いんでしょうか……」
上：「なぜいつも仕事が遅いんだ？」
メ：「申し訳ありません」

上：「で、どうするんだ？」

メ：「もっと頑張ります……」

いかがでしょうか。このようなコミュニケーションで、果たしてモチベーションが湧き、本当に頑張れるものでしょうか。

このように、なぜなぜと原因を追求していく問答を多くの場面で目にします。これは**「過去の出来事（原因）が、現在の状況を作り出している」という、フロイトの心理学「原因論」**的なアプローチといえます。

人は目的があって、今の状況を作り出している

一方、このような会話はいかがでしょうか。

上：「本田、進捗はどうなってる？」

メ：「すみません、予定よりも30％遅れてます」

上：「そうなんだ。じゃあ、来月末にはどうなっていたら良さそう？」

メ：「来月末……。そうですね、期末まであと3か月ですから、20％遅れぐらいまではキャッチアップしておいた方がいいと思います」

上：「いいね。そこを目指す時、すでにできていることは何だろう？」
メ：「できてることですか。……そうですね、既存の案件での成約見込み金額がほぼ見えたところです」
上：「なるほど。では、何から始めたい？」
メ：「そうですね、追加すべき新規案件数をすぐに出して、早めにテレアポしたいです」
上：「OK、ぜひやってみて。少しでも行き詰まったら、声かけてよ」
メ：「はい！」

いかがでしょうか。先ほどの例と違って、メンバーが自発的になっています。このようなコミュニケーションは、あまり多くは目にしないかもしれません。こちらは、**「人は目的があって、今の状況を作り出している」、あるいは「人は目的に向かって動く」という、アドラーの心理学「目的論」**的なアプローチといえます。

「原因論」か「目的論」か

そうしますと、原因論は良くなくて、目的論が良いと見えるかもしれません。しかし、有名なトヨタ生産方式のひとつに「5回のなぜを繰り返す」というものがあります。再発を防止するために、問題を発見したら「なぜ」を5回繰り返し、真因を特定すべしというもので、トヨタ成功要因のひとつと言われています。例えば、

◇生産ラインが止まった。なぜ？　↓ユニットAが故障したから。
◇なぜユニットAが故障したか？　↓センサー異常が起きていた。
◇なぜセンサー異常が起きたか？　↓調べたら、異物が混入していた。
◇なぜ異物が混入したか？　↓実は機械のすき間に、隣の工程で生じる微細な物質が入り込んでいた。

◇では、どうする？　↓すき間と工程間に関して、万全の調整をする。
↓異物が混入しない。
↓センサー異常が起きない。
↓ユニットAが故障しない。
↓生産ラインが止まらない。

まさに原因論的アプローチですが、完全に解決します。なぜでしょうか。物質、仕組み、すなわち物理だからです。

では、人、心理はどうでしょうか。

アメリカでこんな話があったそうです。双子の男の子がいました。父親がひどい人で、大酒飲みで日々暴力をふるい、人々に迷惑をかけてみんなに嫌われていました。子どもたちは、過酷な幼少期を過ごしました。

その後、双子は大人になり、どうなったか。兄は父親そっくりになりました。大酒飲みで日々暴力をふるい、人々に迷惑をかけてみんなに嫌われました。そんな彼に誰かが訊きました。「あなたはどうしてそんな生き方をしているんですか？」。兄は答えました。「あんな親父に育てられて、これ以外の生き方ができますか！」……何となく、分かる気がしますね。

一方、弟はどうなったか。立派な弁護士になって温かい家庭を築き、人々に尊敬されて幸せに暮らしていました。そんな彼に誰かが訊きました。「あなたはどうしてそんな生き方ができるんですか？」。弟は答えました。「あんな親父に育てられて、これ以外の生き方ができますか！」……それも分かる気がします！

弟は明らかに目的論で生きています。父親を反面教師として人生の目的を設定し、それまでの人生経験を活かしたら、そうなったのです。では、兄はどう説明するか。実は、兄も目的を果たしていました。父親そっくりに生きることによって、自分が一生懸命働かないことを正当化できるわけです。「あんな親父に育てられたら、こうなりますよね。仕方がないですよね、僕のせいじゃないですよね」と、正当化の目的が果たせるのです。つまり、人、心理は目的論的アプローチが有効だといえます。

〝横〟から勇気づける

私も実際、例えば子供との関係で、原因論と目的論の違いを実感しました。かつては、息子が失敗したり約束を忘れたりすると、「なぜ気をつけないんだ」「なぜ繰り返すんだ」と詰める形になっていました。もちろん、ちゃんとできる子になってほしいからです。しかし結果は皆さんのご想像通り、「ごめんなさい〜」と泣くばかりでどんどん自信を失い、ビクビクして余計に失敗するようになりました。その後、私は目的論という考え方を知り、逆効果であることを痛感、接し方を変えました。息子が失敗したり約束を忘れたりすると、「どう感じる?」「本当はどうなったら嬉しい?」「できていた時はどんなふうだった?」などと質問しました。すると、徐々に落ち着き、「悔しい」「本当はこんな感じになったらいい」「こんなふうにできていた時もあったから、次はやってみる!」と答えるようになりました。得手・不得手はもちろんありますが、今ではかなりイキイキして、ジャグリングや水泳には自信を持ち、「一番になりたい!」とまで言うようになりました。クラスでも人気者のようです。勝手にモチベーションが上がっているので、父親は気楽なものです（笑）。

私たちは良かれと思い、メンバーの成長を想って、「なぜ失敗した？」と真因に気づかせようとします。しかし、人を変えようと〝上から〟接しても、人を変えることはできません。そうではなく、「どうなったら嬉しい？」「どんな自分になりたい？」「できていること、できていたことは？」と目的論的に〝横から〟勇気づける。本人が本当になりたい、ありたい姿を見つけ、そこに向かいたくなる「環境を提供する」ことだけが唯一、本人ではない私たちにできることではないでしょうか。

そして、私たち自身に対しても、セルフで「本当はどうなったら嬉しい？」「どんな自分でありたい？」「できていること、できていたことは？」と自問すると、勇気と元気が湧いてきます。ぜひ、試してみてください。

8　メンバーが行動を起こさなかった時、学びにつなげるステップ

メンバーが約束した行動をしなかった時、「なぜ、キチンと約束を守れないんだ」と言っても動機づけにならないのは前述の通りです。このような言い方をすると多くの場合、「申

し訳ありません」のように返ってきます。ただ、目的論的に接したいといっても、原因も把握してもらわないと、また同じミスをする可能性がある。そんな時、どうすればよいのでしょうか。

こちらが「なぜ」と原因を訊いたにもかかわらずその答えは返って来ず、「申し訳ありません」と謝られるのはなぜでしょうか。メンバーは責められても仕方のないシチュエーションで「なぜ」と言われると、好ましくない行動と人格が結びつけられたように感じます。いわば「なぜ君は、キチンと約束を守れない人なんだ」と聞こえます。人格を責められたように感じ、「申し訳ありません」としか言えないのです。

したがって、そのようなシチュエーションでは「なぜ（Ｗｈｙ）」ではなく、「何（Ｗｈａｔ）」を使うことをお勧めします。例えば、「何があったの？」「何が原因？」と訊かれると、どのように聞こえるでしょうか。「君自身はＯＫなんだけど、不都合な何かがあったのかい？」と聞こえませんか？　つまり、好ましくない行動と人格が分離され、存在は承認されるのです。

すると、「いいえ、何かがあったのではなく、私が失念していたのです」あるいは「約束通り進めようとしていたのですが、〇〇のようなハプニングがあり、このような状態になりました」などのように、確実に原因についての話が返ってきます。

適切にできなかった原因に本人が気づき、再発防止策を練り、そのプロセスにおいて本人が成長してくれること。また、そのプロセスにおいても上司との関係が悪化することなく、むしろ信頼関係が深まること。その目的を果たせるお勧めのステップを、以下にご紹介します（図表6－5）。

図表6-5　信頼関係のもと、原因と再発防止策に気づくステップ

①感情的にならずに、事実を確認する
②正直に言ってくれたことを、認める
③何が原因か、訊く
④どんな気づきや学びがあったか、訊く
⑤学びに対して認め、助言する
⑥励まし、期待を伝える

①感情的にならずに、事実を確認する

上：「○○の件、どうなった?」

メ：「あ！すみません、忘れてました……」

上：「まだやっていないってことね」

決して感情的にならず、事実を落ち着いて確認します。

②正直に言ってくれたことを、認める

このステップは、メンバーを自律型人財に育てるという目的において、非常に重要です。

一番良くないのが、①のステップで感情的に怒ることです。「なぜ、キチンと約束を守れないんだ!」などと強く責めると、「正直に言ったら怒られる」となって、次回から誤魔化したり隠蔽したりするようになります。

よくない報告も責任を持ってキチンとできる。それが自律型人財です。もしメンバーが正直に過ちを認めた場合は、その認めた行為自体を承認します。「正直に言ったことは正しいね」と、褒めなくてよいので、冷静に認めます。人間だからミスはある。その後、どうするかでその人の真価が問われるのだと分かってほしいのです。

③何が原因か、訊く

「なぜ」でなく「何」で原因（またはその仮説）を訊き、本人に考えてもらいます。

④どんな気づきや学びがあったか、訊く

最大の目的である、再発を防止するための学びと策を引き出します。うまくできたケースより失敗したケースの方が、むしろ多くを学べるはずです。成長につながる建設的な話し合いをするために、感情的な爆発を避けて、ここまで進めてきたのです。深くその本質をつかんでいきましょう。

⑤学びに対して認め、助言する

本人なりに気づいたことや学びを、しっかり受け止めます。メンバーの知識やスキル、経験が乏しく、さらに学んでほしいと感じた場合は、その後に助言します。そして、今回のリカバリー策についても、明確かつ具体的にします。

⑥最後に、「次は期待している」とIメッセージで伝え、勇気づける

後日、メンバーが実際に改善できた場合は、それをすかさず認めることもとても大切です。意識して改善したことをキチンと見てくれているとなれば、信頼関係は深まり、動機づけられ、着実に成長してくれることでしょう。

いかがでしょうか。決して甘やかしたり、ソフトに言ったりしているわけでないことはご理解いただけたと思います。存在を承認しながら前向きに建設的に話し合い、モチベートしているのです。ぜひメンバーの気持ちになって、実践してみてください。

なお、同じミスを繰り返すメンバーへの対応はどうしたらいいかと訊かれることがあります。その場合でも、基本的には同じように進めます。記憶に頼ると忘れるのであれば、忘れても漏れない仕組みにするなど、工夫を重ねます。それでもメンバーの認識が甘く、お客様にも迷惑をかけるようであれば、「残念だけど、このままでは同じ仕事を続けてもらうことは会社として難しい。ラストチャンスに近い。君はどうしたい？」と、私なら本音で話し合います。さらに、公金に手をつけるなど一線を超えている場合は、覚悟を持って本気で叱ります。

9　楽しくて、お互いに貢献し合うチームを作る

ある管理職の方が、「息子が所属している中学のサッカー部が素晴らしい！」と話してくれました。客観的に見るとかなりハードに練習しているのですが、息子さん曰く「楽しい！」とのこと。「何がそんなに楽しいの？」と訊くと、「先輩たちが優しいから、すごく楽しい」と。先輩のことも「○○くん」と呼ぶそうです。「○○くんにはこんなボールタッチを習って、△△くんにはこんなボールフィーリングを教えてもらった」。そんな大好きな先輩たちと一緒に試合に出られるようになると、なお嬉しい。

ある試合で、先輩がくれたセンタリングの球をミスキック、ゴールを外してしまいました。彼は先輩に「○○くんがせっかくいい球をくれたのに、外してごめんなさい！」と言うと、「全然いいよ。何度でも出してあげるから、気にせずまたシュートしなよ」。怒らずにそ

んなふうに言ってもらえると、彼は2度と先輩からの球をミスキックしたくないと思い、皆が帰った後、自主的に居残り練習をしたとのこと。

そのサッカー部のコーチは26歳と若いそうですが、皆をモチベートするのが非常に上手いといいます。厳しいことも言うが、改善するとすかさず「いいね、いいね〜、それそれ！　そのアイデア、面白いよ〜！」と盛り上げる。息子さんに訊くと、前半の「いいね、いいね〜」の方しか覚えていない（笑）。

何より、仲間や後輩をサポートすることが称賛され、お互いに助け合う文化を作っているのです。後輩は先輩をリスペクトして慕い、今度は自分たちがそうしてもらったように、その下に伝えていく。そんなチームにいるのが楽しい！　そうなると、言われなくても自ら練習し、助け合う。サッカー選手としてだけでなく、人間的にも成長する。それは必然に、結果としての組織パフォーマンスにもつながっていくはずです。

いかがでしょうか。会社組織としても学ぶことが大いにありますね。このような組織になれば、自律型人財が自律的に生まれ続けるのではないでしょうか。

図表 6-6　第 2 フェーズにおけるテーマの例

よりハードルが低いもの、すぐに取り掛かれるものを最初の方に、だんだん動機づけられてきたメンバー向けのテーマを後の方に記載しました。

- 現在のモチベーションについて
- 過去や未来、尊敬する人などをきっかけにして、メンバー自身にとって動機づけられる働き方、こだわりたい価値観などについて
- メンバーを観察していて上司が感じた変化、成長した点などについて
- 現在担当している業務の、本人のキャリアや人生における意味や価値について
- メンバーが本当にやりたいこと、強みについて

10　第2フェーズで扱うテーマの例

1on1ミーティングのテーマはメンバーが持ってきますが、彼らがテーマを思いつかなかった時などに見せられるよう、テーマの例をご紹介します。

ここでは、第2フェーズ：「動機づけられる、頑張る理由を見つける」に関するテーマ例です。

第7章

第3フェーズ：メンバーが気づき、自らチャレンジするコーチング

相手の自問自答を促す適切な質問であっても、メンバーの自己肯定感（私は私でよいと思える安心感）や自己効力感（やればできると思える健全な自信）が下がっている時に投げかけられると、メンバーにとってかえってプレッシャーになることがあります。「あなたはどうなりたい？」と訊かれても、「そもそもここに私の居場所はないのに」とか、「私なんて望んでもどうなれるものでもないのに」など、追い詰められて逆効果になりかねないのです。

ゆえに、第1フェーズ「心理的安全性（安心感）の醸成」、第2フェーズ「動機づけられる、頑張る理由を見つける」を経て、初めて第3フェーズ「気づき、チャレンジする」ための質問が十分機能します。質問はパワフルなコミュニケーションです。いきなり鋭い質問を投げかけるのではなく、メンバーと確固たるラポールがあり、メンバーに自問自答する前向きな準備ができている時に行います。以下はそれらの準備ができている前提での内容です。

1　コーチングの質問への誤解

第2章でも一部触れましたが、コーチングの質問に関しては次のような誤解が散見されます。

①上司が課題を解決しようとして、**情報収集や仮説検証の質問が多くなってしまう**
②メンバーに解決策を出させるのが目的と思い、すぐに**「どうすればいいと思う？」とアクションプランの質問ばかりしてしまう**
③メンバーに〝正解〟を気づかせようと、**誘導尋問が多くなってしまう**
④「なぜうまくいかない？」と**原因論型の質問で詰めてしまう**
以下に、１つずつ見てきましょう。

上司が課題を解決しようとして、情報収集や仮説検証の質問が多くなってしまう

情報収集の質問とは、質問者が知りたくて尋ねる、最も一般的な質問といえるでしょう。例えば、「期日まであと何日？」「決裁者は誰？」「相手のニーズは何だった？」などです。

仮説検証の質問とは、質問者が原因や解決策の仮説、「おそらくこういうことだろう」といういわば〝正解〟を想像しており、その正しさを検証するためにする質問です。例えば、「ちゃんと相手に詫びた？」「相手は自分を優先してほしかったんじゃない？」など、確認目的なので、「イエス」「ノー」で答えられる質問（クローズド・クエスチョン）になりがちです。結果、自由に答えられる幅が狭まります。

私たちがこのような質問ばかりされたら、どう感じるでしょう。「上司が解決してくれるんだな」と課題を引き受けてもらった気になり楽になるでしょうか。あるいは「もう散々悩んで答が出ないのに、今さら上司に考えてもらっても、もっといいアイデアなんか出るんだろうか」と思うでしょうか。いずれにせよ、当事者意識が薄れることになります。上司がメンバーの課題を解決しようとしているからです。

もちろん、コーチングを協働して進めていく上で、最低限の情報収集は必要です。しかしそればかりになると、第1章で述べた、課題解決目的の一般的な面談、あるいはコンサルティングになってしまいます。

ところで、上司は実際、解決しようと思えばそれができるのでしょうか。当事者たるメンバーがそのことについて何百、何千回と自問自答を繰り返し、それでも解決できていない課題なのです。おそらくは上司自身の過去の経験（データベース）から似たようなケースを引き出し、「こういうことが起きているのだろう。こうするしかないだろう」と考えるのですが、果たしてそれは本当に当たっているのでしょうか。さらに、メンバーがそれをやりたい！とモチベーションが上がる答となれば、当たる確率はさらにグッと下がります。価値観が違うからです。

それでも、上司が本当にメンバー以上の解決策を提案できたとしたら、何が起きるでしょうか。きっとメンバーは、次回困った時もまた、上司に解決策を聞きにくるでしょう。依存度が高まるのです。つまり、上司は本当の意味では解決できないし、解決すべきでもないのです。

例えば、小学生の子供が学校で喧嘩をしてきました。親として話を聞いていると、「それは確かにひどいな。よし、パパが明日学校でそいつをぶん殴ってやる」というのでは、だいぶモンスターな親です（笑）。子供の話を聴き質問もしますが、学校の問題は、本人が自力で乗り越えていくしかありません（子供の身に危険が及ぶような極端なケースは除きます）。学校生活がどうなったらいいかを感じ、どうしたいかを決め、自分なりにチャレンジして乗り越えるしかないのです。学校での課題は子供の課題であって、親の課題ではないからです。これをアドラー心理学では「課題の分離」と言います。

ところが職場の課題になると、メンバーと同じ職場におり、上司には力量もポジションパワーもあるので、つい代わりにやってあげたくなるのです。上司がいなくても、自力で自分らしくやっていける自律型人財に育ってもらうという目的を考えれば、子供に対するのと何ら変わらず、本質は同じなのです。

「この人（メンバー）なら、今回のセッションで達成できるかは分からないが、ＰＤＣＡサイクルを回す中で、必ず自力で、自分らしく自身の課題を乗り越えられる」と、心から信じることだともいえます。「私が助けてあげないと」というのは、少し厳しい言い方をすると、愛情もありますが、メンバーへの信頼が不足しているともいえるのではないでしょうか。

メンバーに解決策を出させるのが目的と思い、すぐに「どうすればいいと思う?」とアクションプランの質問ばかりしてしまう

私たちはメンバーに、すぐに「どうすればいいと思う？」と訊きがちです。自分で考えてほしいからです。しかしその質問をすると、かえってメンバーがフリーズしてしまう、あるいは堂々巡りになる、という経験をしたことはないでしょうか。

メンバーが持ち込んだテーマは、今この場で発生したものではありません。少し前に現場で発生したものです。人はその瞬間に自問自答を始めます。「どうしてうまくいかないんだろう」「どうすればいいんだろう」と。メンバーは何百回と自問自答を繰り返し、答が出ていない状況であなたのところに来て、「どうすればいいと思う？」と訊かれたらどう思うでしょうか。「それが分からないから相談したんですけど…」となって無言になるか、すでに考えたことを口に出し、「でも、うまくいかないんですよね…」などとなってしまいます。さらに「他にはどう？」などと重ねて訊かれると、「分からないことを何度訊くんですか…」と、尋問のように感じるかもしれません。自問自答の中身が自分ひとりで考えた時と変わっていないのです。メンバー本人がまだしていない新しい自問を提供しなければ、新たなサイクルは回らず、堂々巡りが続くことになります。

では、具体的にどんな質問をすればよいのでしょうか。人はすぐに「どうすればいいのか」とアクションプランについて自問自答するので、そうではなく、「どうなったら嬉しいのか」という理想的な結果、ありたい姿について目的論型の質問をするのです。すると、新しいサイクルが回り始め、光が見えてきます（詳細は後述します）。

メンバーに〝正解〟を気づかせようと、誘導尋問が多くなってしまう

誘導尋問は、質問者が相手に自分の言わせたい答を言わせるために使う質問で、コーチングの質問ではありません。例えば、コーチングに不向きな「重要かつ緊急事項（第一象限）」がテーマになっていると、こちらにとっての〝正解〟を言ってほしくなったり、今日

のセッションで結論を出さなければと焦ったりして、誘導尋問になりがちです。「重要だが緊急ではない（第二象限）」適切なテーマを選ぶ必要があります。

また、前項と同じように、上司が〝最適な解決策〟（仮説）を思いつき、それを言わせたいと誘導すると、メンバーはそれを敏感に察知しストレスを感じます。また、想定外の答えを言われたくないので、誘導尋問は往々にして長くなる傾向があり、メンバーは何を訊かれているのかよく分からなくなります。さらに上司が〝気づかせよう〟と手を替え品を替え質問してくると、もはや詰問のようになり、ラポールはどんどん壊れていくのです。

「なぜうまくいかない？」と原因論型の質問で詰めてしまう

前述したように、私たちは慣れ親しんだ原因論型のアプローチを使いがちです。しかし、物理には原因論型アプローチが有効ですが、人の心理には目的論型アプローチが適しています（詳細は第6章）。

2　相手の自問自答を促す質問とは

コーチングの質問は、メンバーが自身の課題に向き合い、自分はどうしてひっかかっているのか、本心はどうなることを望んでいるのか、自分らしくいるには何を大切にする必要があるのか、本当はどうしたいのかなどを自問自答しながら、自身にとって価値ある答を見つけるのを支援します。

ＰＤＣＡサイクルを回し、チャレンジをし続けさえすれば、経験と学び、すなわち理想の自分に近づく材料がどんどん増えていきます。バージョン・アップした自分に出会う旅だから、課題そのものにではなく、〝人〟にフォーカスを当てるのです。

気持ちよく自問自答に没頭できる環境を作るには、メンバーがどんなことを答えてもそれが良い答／良くない答と評価判断せず、ニュートラルに受け止めることが大切です。**上司に理解ができなくても、それをやりたい！と本人のモチベーションが上がれば、それが相手にとって価値ある答なのだと手放す**のです。

3　目的論でコーチングする

いよいよコーチングのスタートです。最初に「どんなことを話したい？」とテーマを訊き、「それについて、今日はどこまで明確にしたいかな？」とセッションのゴールを共有します。

「どうなったら嬉しい？」と「どうあるべき？」は違う

第6章で、「べき」＝論理・理性ではなく、「たい」＝内側から湧き上がる感情が、主体的に行動でき、継続させられることのキーだと書きました。

したがって、「人間は目的に向かって行動する」という目的論に基づいていても、「どうあるべき？」と訊かれると、導かれる答はいわゆる優等生的〝正解〟になりやすく、本人にとって価値ある答ではない可能性が高くなります。「こうあるべきだとは思うんですけど、できないんですよねー」≒「こうあるべきだとは思うんですけど、本当はしたくないんですよねー」などとなりそうです。

本人が心から望む答を引き出すには、「どうなったら嬉しい？」と感情の伴った質問が効果的です。ただ、いきなりそれを訊かれても、日頃ロジカルな思考を求められる職場ではむしろ「べき」な答が自然に出てくるのかもしれません。したがって、「どうなったら嬉しい？」と訊く前に、メンバーが感情の世界で自問自答できる環境を整えることが必要になります。

そのテーマが発生した時点にタイムスリップして、感情を再度味わう

そのためには、メンバーのそのテーマがどうして生まれたのか、テーマが生まれた瞬間の状況と感情を思い出してもらう（改めて味わってもらう）必要があります。

テーマが生まれたのはセッションのこの場ではなく、過去の〝ある時点〟です。その時、何か不本意なことや憧れることなどに出会い、「これを解決したい！」「明確にしたい！」などとテーマが生まれています。価値観に基づいて感情が動いたのです。

したがって、「そのテーマについて、**強く感じたのはいつ**ですか？」と明確にテーマ発生時点（日時）にタイムスリップして戻ってもらい、「その時、何があったんですか？」と**状況**を思い出す質問をすると、その時の映像や景色が思い出されて**五感が刺激**されます。そして「その時、**どんな気持ちになったんですか？**」と訊くと、**感情を再体験**してくれるのです。

「強く感じたのは、昨日の16時頃」「メンバーのBくんに彼の席の横で仕事を依頼した瞬間、彼の表情が一気に曇った」「そんな顔する？　なぜいつもそうなんだ。イラッとするな……リーダーとして、自信なくなるよ……」……このようなやりとりをすることで、どうしてそのテーマを取り上げる必要があるのか、それを達成することが本質的にどう大事なのかを改めて思い出し、明確な目的とモチベーション（自分のためのテーマだ）を持ってセッションに臨むことができます。

　メンバーがその時の感情を再体験しているなと感じたら、「本当はどうなったら嬉しい？」と訊く準備が完了です。「あー、本当は何を望んでいるんだろう？」と感情の世界で自問自答してくれるのです。

「どうなったら嬉しい？」の意味と深さとは

　前述のように、「後輩のBくんが、モチベーションが低くて困っている。先輩としてどう接すればよいか」がテーマだったとします。テーマが生まれた瞬間の状況と感情を思い出さずにいきなり「どうなったら嬉しい？」と訊くと、「それは、Bくんのモチベーションが上がればいいんですけど…（当たり前のことをなぜ訊くんだろう？）」となりそうです。

また、「Bくんのモチベーションが上がる」とは、そもそもどのような状態でしょうか。明るく前向きな状態でしょうか。真剣に黙々と仕事をしている状態でしょうか。それとも積極的に質問してくれることでしょうか。……どれもモチベーションが上がっているかといえば、そういえそうです。つまり、「モチベーションが上がった状態」とは抽象的な言葉であり、人によって解釈が違うということになります。そしてもっと大事なことは、本人も明確にイメージできていないということです。つまり、「Bくんのモチベーションが上がればいいんですけど…」では、「どうなったら嬉しいか」、本人もまだ十分把握できておらず、タクシーの行き先が不明確なので、このままでは迷走します。

したがって、メンバーがテーマ発生時点の感情をしっかり再体験し、その瞬間、速やかに「では、本当はどうなったら嬉しい？」と訊く。「やっぱり、Bくんのモチベーションが上がればいいですね」となったら、「いいね！　それって具体的にはどんな状態だろう？」と、感情とともに思いを巡らせてもらうと、深い自問自答が始まります。

Bくんがどんな考え方をしたり、どんな言動をしたりしているんだろう。理想的にはあなたとどんな表情で、何をコミュニケーションしているんだろう。お互いにとってどんな存在だったら嬉しいだろう。2人の関係が、職場にどんな影響を与えていたら素晴らしいだろう……どうすればいいかというアクションは横に置いて、理想的にはどんな状態になったら嬉しいか、ありありと具体的に想像、妄想していくのです。「How to do」ではなく、価値観に基づいた「Want to be」について思いを引き出していくと、メンバーのモチベーションが上がっていくのは、想像に難くないでしょう。

スポーツや音楽など、学生時代に一生懸命やったことのある人は、こんな経験があると思います。「今度の大会、何としてもベスト8には入りたい。トーナメント表を見ると、ライバルA校とちょうどベスト16で当たる。去年の負けを絶対にリベンジしなければならない。今年のメンバーも結構強いらしい」。そして、相手チームとの試合をかなり具体的にシミュレーションします。「おそらく相手はこういう戦術でくるだろう。こういうプレーをしてくるはずだから、うちはうちの強みを活かして、その裏をかこう。局面が変わったら、プランBだ」など、相当リアルに勝利をイメージして、試合に臨むはずです。試合が始まると、実際にはその通りにならなくても、ノープランで臨むのとは全く違います。やはり、我々は何のために勝つのかという目的、そして成功状態を明確に描けば描くほど、情熱と冷静さをもって対応でき、結果的に勝利する可能性は高くなります。

1on1でも同様に、「達成前に、目的と成功イメージをありありと描く」。それを、上司はサポートしてあげたいのです。

理想的な状態を引き出す質問

理想的な状態を映像や音声、できれば触覚や嗅覚まで、具体的にはっきり臨場感を持ってイメージできると、現在位置が分かり、効果的な行動も明確になるので、実現の確率が非常に高まります。メンバーのモチベーションは高まり、上司もイメージを共有することで大いに協力することができます。やらされる人とやらせる人ではなく、心からの目標に向かう人と応援する人という関係になり、関係の質から始まるグッドサイクルがさらに回転します。

図表7－1（次ページ）は、理想的な状態を引き出す、「どうなったら嬉しい？」以外の質問を、いくつかまとめてみたものです。

目標を目的化する

具体的にありありと描くこととは逆に、達成したことを〝抽象化〟することも、同様に人

図表7-1　理想的な状態を引き出す、「どうなったら嬉しい？」以外の質問

「問題が解決した状態って、具体的にはどんな状態？」

「本当はその人と、どんな関係だったら嬉しい？」

「（非常に苦しい状況だけど）せめてどんな心の状態になれたら楽？」

「いつごろ実現していたら最高？」

「具体的に、どんな人の協力が得られればベストだと思う？」

「実現するとしたら、どんな場面で？」

「実現するとしたら、どこで活動している？」

「そこで、何をしていると思う？」

「その時、周りにはどんな人がいそう？」

「どんな言葉を、どんなふうに交わしている？」

「理想的には、どのくらいの数だろう？」

「達成した時、どんな気持ちになる？」

「達成した後、何をしたい？」


を動機づけます。

「それが実現することの、本質的な目的は何だと思う？」

「今回の目標を達成することは、あなたにとってどんな価値がありそう？」

「このプロジェクトを象徴する名前をつけるとしたら、どのようになりそう？」

「その実現は、どんな未来につながりそう？」

「それが実現したら、あなたの人生においてどんな経験や意味になりそう？」

いかがでしょう。達成することに意味づけがされて、ワクワクしませんか。第6章では、個人的な目的・価値観を描き、目標との共有ゾーンを引き出すという話をしましたが、いわば逆方向のアプローチです。目標を目的化している

のです。

満たしたい価値観は何か

「達成した時、どんな気持ちになりますか？」と質問した時に、心から幸せな気持ちになれるとしたら、それはなぜでしょうか。それは、大切にしたい自身の価値観が大いに満たされたからではないでしょうか。自分がどんな価値観を大事にしているかが自覚できれば、より頑張る目的が明確になり、内発的動機づけが強まります。困難に負けない推進力が得られるのです。

「**実現したら、どんな気持ちになる？**」

「…何とも言えない、ホッとした、そして満たされた気持ちになると思います」

「いいねぇ。**あなた自身、どうしてそんな気持ちになるのだと思う？**」

「…どうしてでしょう。ああ、母に安心してもらえるような気がするからかもしれない。今の会社に転職する時、ずいぶん心配させたんです。小さい頃から人見知りだったから、私には向いていないんじゃないかって。今期達成して、表彰式に呼んであげられれば、『ああ、大丈夫なんだ。ちゃんとやっていけるんだ』って安心してもらえるような気がします。あと、ちょっと誇らしいかもしれないです」

「それは素敵だね。**ということは、あなたにとって今回の目標にチャレンジする意味は？**」

「一人前だって母に認めてもらうこと。そして安心してもらうことです。頑張ります！」

＊　＊　＊

第6章で述べた通り、価値観は人それぞれです。メンバーが本質的に何のために行うのか、それをすることによって何が満たされるのか、何がワクワクするポイントなのか、他人には分かりえないのです。前述した**太字・下線**の質問を使って、自問自答のサポートをしてあげていただければ、筆者冥利に尽きます。

ありたい姿を引き出す

価値観が明確になれば、心から望む、自身のありたい姿をはっきり描くこともできます。価値観を満たす自分でありたいと思うからです。

「(そんな価値観を満たしたいということは) 理想的にはどんな自分でありたい？」

「あなたが意識する5年後というタイミングでは、どんな自分になっていたい？」

やはり、より具体的に描くことができると、実現の可能性が高まります。

「理想的には、どこで、どんな仕事をしていたい？」

「その時、どんな1週間を過ごしていたい？」

「あなたはその時、どんな人と付き合っている？」

「周囲には、どんな存在感を発している？」

「娘さんが幼稚園にあがるそのタイミングで、どんなママと思われたい？」

「その理想のあなたから、今のあなたにどんなアドバイスをしてくれそう？」

＊　＊　＊

数字など成果を出したいと相談されると、通常は戦略、戦術について話します。それは指導であり、コンサルティングです。もちろん、特に短期で達成する必要がある場合、そうする必要があることも多いと思います。

この点、コーチングで中長期の話として関わるとしたら、どうなるでしょうか。達成する方法ではなく、達成できる理想の自分、ありたい姿にフォーカスを当てます。それを達成できる人材になれたとしたら、その時持っているスキルはどのようなものか。それぞれどのレベルで持っているか。望ましい経験や実績はどのようなものか。理想的なマインドや人間力は？……

そのようなコーチングアプローチは、実現までに時間を要するかもしれませんが、メンバーの自律性を生み出します。上司に戦略、戦術を指導してもらって達成した場合、往々にして次回も上司の力が必要になるのに対して、コーチングにより達成した場合、メンバー自身が結果を出せる人材にバージョン・アップしているからです。

あなたは、理想的にはどんなあなたでありたいですか？

様々な視点を試す

どんな人も自分のことに関しては視野が狭くなり、堂々巡りになることがあります。上司は寄り添いつつも俯瞰的な目線も併せ持ち、メンバーに様々な視点から眺めてみることを促します。そうすることで、メンバーは硬直的な見方や思い込みから解放され、新たな視点で心から望むありたい姿に気づく可能性が出てきます。

図表7−2に、様々な視点から見ることを促す例をご紹介します。効果的に使えばメンバーの視界は開け、新たな気づきが生まれることでしょう。

図表 7-2 様々な視点から見ることを促す例

【時間軸を変える】

- 過去のリソースから見る
  「過去、理想的な状態だと感じたのはいつ？」

  「具体的には、どんなふうだった？」

  「何がうまくいっていたポイントだった？」
- 未来のありたい姿から見る
  「引退する時、どんな職業人生だったと思えたら幸せ？」

  「10年後、理想的にはどんな自分でありたい？」

  「スキルは？」「人脈は？」

  「その時のあなたが、今のあなたにアドバイスするとしたら、何て言う？」
- スパン（範囲）で見る
  「向こう５年というスパンで見たら、どんなことを大切にしてキャリアを重ねていきたい？」

  「ということは、今、何を一番大切にしたい？」


【視点・視座・視野を変える】

- 新たな視点から見る
  「独自性という観点からは、どんなことを大切にしたい？」

  「日本人として、あなたはどうありたい？」
- 他の人の視座から見る
  「もしあなたがお客様だったら、どんな担当と一番付き合いたい？」

  「あなたが部長なら、どんなチーム、メンバーだったら嬉しい？」
- 広い視野から見る
  「業界の中で、どんな存在でありたい？」

  「人生の中で、今年がどんな１年になったら最高？」


【考え方の枠を外す】

- 制約条件を外して、見る
  「もし何の制約もなかったら、本当はどんなふうに仕事できたら心地いい？」

  「もし時間が十二分にあったら、どんなスキルを身につけたい?」
- 究極の制約をかけて、見る
  「もし余命が１週間と言われたら、誰と一緒にいたい？」

  「もし絶対に残業できないとしたら、どの仕事を捨てるのがベスト?」
- 副詞を加えて、見る
  （副詞：文の中で他の言葉の意味を詳しく説明する品詞）

  「もしあなたが、競合の中で**ダントツに**信頼されているとしたら、どんなあなた？」

  「もしこの１年で**劇的に**成長できるとしたら、どんな経験が積めたらいい？」

図表7-3　広げて、絞って、掘り下げる

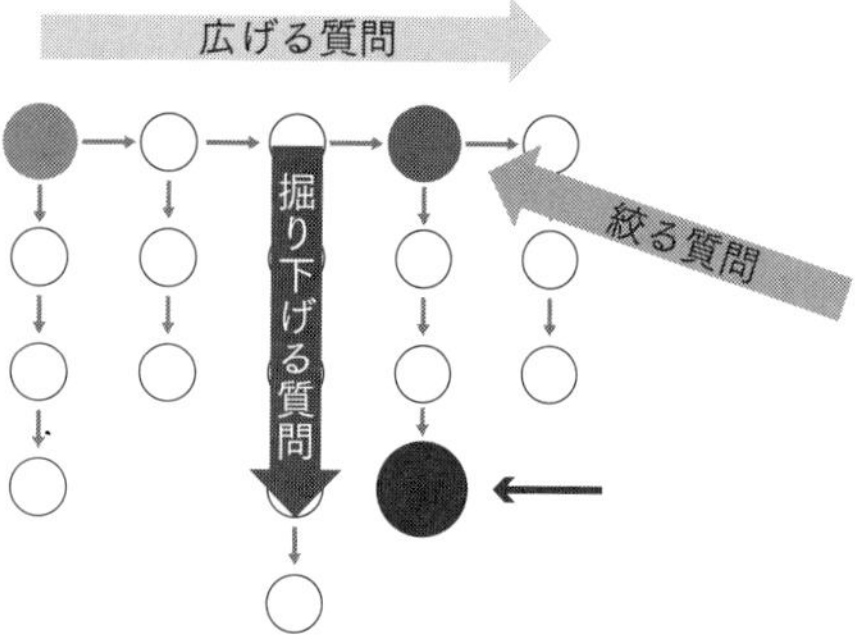

広げて、絞って、掘り下げる

「理想的にはどうなったら嬉しい？」と質問し、「いいね！　それ具体的にはどんな状態だろう？」と臨場感を持ってイメージを膨らませると前述しました。実は、その達成シーンを具体化する前に、「いいね！　他にはどう？」と一旦**広げる**と、さらにメンバーからより価値ある答を引き出せる可能性が高まります。「いいね。まだありそう？」と何度か繰り返し、広げきったら、「その中でも一番の理想はどれ？」と本人に**絞って**もらいます。絞ったものを、「いいね！　具体的にはどんな状態だろう？」とありありと五感を刺激するように、イメージを**掘り下げる**のです。すると、より魅力的なゴールイメージが引き出されます。

全リストを広げて、その中のベストワンを選べば、それは本当のベストワンです。それを掘り下げたら、一番価値ある答に到達するのは自明の理、ワクワクしてきます。

成功させるコツは、メンバーが**答えてくれたら、「いいね」「そうなんだね」「○○が理想なんだね」と毎回、丁寧に受け止める**ことです。

ところで、「他には？」と広げる目的は、**上司が知りたいからではなく、メンバーの頭の中にメンバーにとって価値ある答がまだ眠っているかもしれないのを、外に出してあげられないと申し訳ないから**です。したがって「他にはありません」という答が返ってきてもよいのです。メンバーにとってベストワンな答が出ればよいのですから。

また、「他には？」と同じ言葉を使うのではなく、「まだありそう？」「全部言えたかな？」とバリエーション豊かに訊いてあげると、メンバーはより答えやすくなるでしょう。

4　リソースを引き出す

できていることを引き出す

ありたい姿が明確になったところで、私たちはつい「では、なぜうまくいかない？」と原因論に入っていったり、「何が足りない？」と足りない面に目がいったり（ゲシュタルトの欠けた円）します。そうではなく、ありたい姿に対して、できていること（肯定面）を引き出していくと効果的です。理想を100とした時に、現状、そこに至ってはいませんが、ゼロではないはずです。

「その理想に対して、できていることは何？」

そう訊くと、結構驚かれます（笑）。これはまず、自問自答していないからです。本人もうまくいかない原因や足りないところに目が行っています。さらに「いいね！　他にはどう？」と広げていくと、できていることがいくつも出てきます。すると、「あれ？　意外と捨てたものじゃないな。やればできるんじゃないかな」と、メンバーの自己効力感が上がり、モチベーションが湧いてきます。もちろん答えてくれたら、「いいね」「そうなんだね」と毎回、丁寧に受け止めるのを忘れないようにしましょう。

リソースを引き出す

さらに、すでに持っているリソース（資源）を引き出すと非常に効果的です。

「ありたい姿に近づくのに、役に立ちそうな知識、スキルはどのようなものがある？」

「そこに向かう時、あなたのどんな強みが活かせそう？」

「学生時代も含めて、参考にできる経験はどんなものがある？」

「今回、力を貸してくれそうな人は誰？」

これらも、「いいね！　他にはどう？」と広げていくと、可能性とモチベーションが高まります。メンバー自身のリソースで、本人を勇気づけることができるのです。

このように肯定面を十分引き出し勇気づけした上で、

「ネックになっている、克服すべき課題は何だろう？」

と訊くと、課題にも前向きに積極的に向き合ってくれることでしょう。

5　アクションプランを引き出す

ありたい姿、リソースが十分魅力的に引き出せたところで、**「何から始めたい？」**と一言訊くと、アクションプランは多くの場合、メンバー本人から自然に出てくることが多いでしょう。モチベーションが湧き、ワクワクして思考が活性化しているからです。

アクションプランはすぐに取り掛かれるよう、**「具体的にはどうやってやりたい？」**のように４Ｗ１Ｈ（いつ、どこで、誰に、何を、どうやって）を明確にするサポートをします。

前項でリソース（知識、スキル、強み、経験、人など）を引き出していますので、それを活

図表7-4　人はありたい姿に向かう

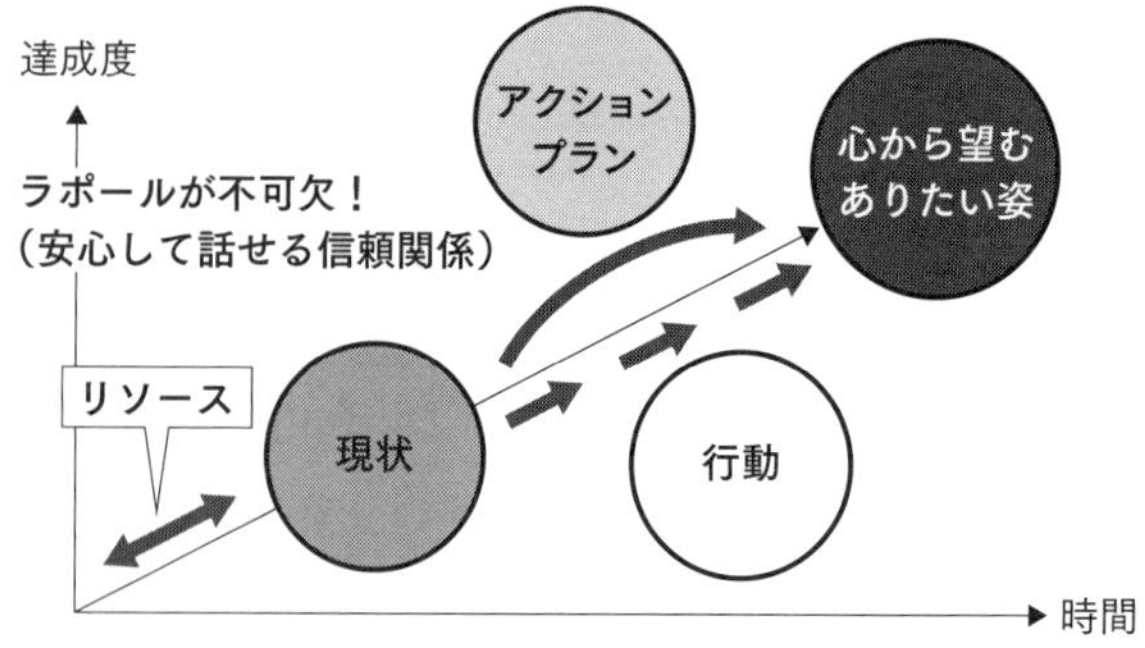

かすこともできます。また、広げて絞って掘り下げて、アクションプランの精度を上げるのもよいことです。何かしらアクションを妨げる障害があれば、前進するために必要なサポート体制やそれを取り除くプランを考慮することも有効です。

ひとつ気をつけたいのは、「いつまでにやりますか？」という言い方をしないことです。「いつまでに」と言われた瞬間に、急に〝宿題感〟が出てきてしまいます。ワクワクが一気に冷め、期日ギリギリまで取り掛からない思考になりがちです。それより、**「何から始めたい？」「いつから始めたい？」**と、**「want to do？」**のニュアンスで、**いつからと前向きに**訊くのがお勧めです。

「そうですね、この後すぐやります！」

「君ならできると思う。応援しているよ！」

と気持ち良く勇気づけして、セッションを終えることができるでしょう。

6　第三者との人間関係に関するテーマの場合

自分のことをよく思っていないメンバーとの関係

以前、コーチングさせていただいた管理職のAさんから、以下のような相談を受けました。

「着任早々、直属のメンバー（Bさん）が自分に対し、非常に批判的で攻撃的だ。周囲にも自分のことを悪く吹聴しているようだ。1on1ミーティングをそのBさんにしなければならないのでやっているが、何か質問しても『別に』くらいの回答で殺伐としている。辛い。どうすれば良いか」

本当にお辛そうでした。

＊　＊　＊

何度かセッションをするなかで、次のような会話をしました。

私（コーチ）：「ところでAさん、尊敬する人っていらっしゃいますか？」

Aさん：「そうですね、土光敏夫さん（石川島播磨重工業社長、経団連会長などを歴任）です」
私：「ああ、大人物ですものね。土光さんの、特にどのあたりを尊敬しているんですか？」
Aさん：「う～ん、やっぱり動じないところかな」
私：「なるほど～」
～（中略）～
私：「Aさん、ここまで話してきて、理想的にはどんな管理職でありたいですか？」
Aさん：「うん、土光さんとは言わないけど、やっぱり『不動心』かな」
私：「素敵ですね！　不動心って、具体的にはどのようなイメージなんでしょう」
～（中略）～
私：「ところで、Bさんの態度が全く変わらないとして、もしAさんが思い描くような不動心なリーダーだったとしたら、理想のAさんはBさんに、どう接すると思いますか？」
Aさん：「…やっぱりあまり一喜一憂せず、動じないのかな～。いや～、それは辛いですよ」

私：「本当ですね。辛いですね」

Aさん：「仮に私が不動心なリーダーになったとしても、Bさんが変わるかどうか…」

私：「そうですね。『北風と太陽』のようなものかもしれませんね。北風のように『俺がこれだけやってやってるんだから、いいかげん変われよ！』とやるとむしろ頑なになり、太陽のように『君が変わっても変わらなくても、俺は温め続けるよ、ポカポカ』とやると、いつか自分から脱ぐようなものかもしれませんね」

Aさん：「…でも、確かに彼がどうあれ、自分は不動心なリーダーになりたいのは変わらない。難しそうだけど、やってみようかな」

私：「Aさんが望まれるなら、全力で応援します！」

～１か月後～

私：「こんにちは。Aさん、少し雰囲気が変わられたようです。最近、Bさんとはいかがですか？」

Aさん：「Bさんは相変わらずですよ。だけど、僕自身は少し、感情が後ろにあるような感じですね」

私：「おー。感情が後ろと言いますと？」

Aさん：「たとえて言えば、柳の木のような感じかな。突風がバーっと吹いてもフワッと揺れて、風が収まったらスッと元に戻る。だから、不動心って動かないことじゃないと思う。動かない固い木だと突風で折れるから。柳のように元に戻る。これが不動心な気がする」

私：「すごい。勉強になります」

Aさん：「結局、やっぱり北風と太陽の太陽なんだと思う。太陽だから不動心なんだな」

私：「哲学的ですね！　勉強になります！」

＊　＊　＊

コーチングが終わる3か月後には、Aさんのプレゼンス（存在感）は以前と全く変わっていました。重心が低く、柔らかな印象です。Aさんはこんなふうに言われました。

「Bさんは相変わらずなんだけど、最近、分かったことがある。Bさんはまだ私と同じポジションにはいないから、私の景色は見えないんだ。同じポジションに来たら、私の気持ちが分かると思う。そして、Bさんはまだその時ではないんだと思う」

結果的に、AさんはBさんによって磨かれ、Bさん以外の周囲や社長から、深い尊敬と信頼を集めるようになりました。私は心から感動し、尊敬の気持ちでいっぱいになりました。

第三者との人間関係がテーマでも向き合う相手はメンバー自身

第三者との人間関係に関するテーマの場合、このセッションの場にいない「第三者を変える」ことをいくら話し合っても、何も生まれません。

第三者とどのような関係になりたいか、第三者の立場をありありと想像した時にどんな状況が実現したら嬉しいか、あるいは、第三者がどうあれ自分としてどう向き合いたいか（本ケース）。

コーチングでは、メンバー自身が課題にどう向き合い、どうありたいか、どう自分らしく乗り越えていきたいかを、全力で応援します。

7　キャリアデザインに関するテーマの場合

以前、ある会社の人事部リーダー（Cさん）にコーチングさせていただいたところ、以下のようなことがありました。

＊　＊　＊

Cさん：「気づいちゃいました。本当は、私はグローバルな人事の仕事がしたい。でもうちの会社にいたらそれはできない。だから転職しなければいけません。でも私はうちの会社が大好きなんです。そして自分が転職で抜けたら、すぐには後任がいないから迷惑をかけることは間違いない。…どうすればいいんでしょうか」

私：「今お勤めの会社、よほど素敵なところなんですね。…辛そうに見えます。もし、何の制約もなかったら、本当はいつ頃転職したいですか？」

Cさん：「英語の勉強も必要だから、1年後でしょうか」

私：「1年後。もし1年後に転職できるとしたら、理想的には、どんなふうに今の会社を卒業できたら嬉しいですか？」

Cさん：「やはり、後任はしっかり育てた上で辞めたい。自分以上にできる後任を育てたいです」

私：「自分以上の後任。Cさんの誠実さを感じます。他にはどうですか？」

Cさん：「そうですね、後はやはり円満に、皆に応援されて辞めたいです」

私：「それは最高ですね」

Cさん：「それと、辞めた後も外側から、今の会社を何かしらの形で支援できたらと」
私：「ああ、それはすごいですね」
Cさん：「見えてきましたね。真剣に、具体的に動いてみます！」
私：「応援しています！」

＊　＊　＊

その後、Cさんは後任を育てたり、仕事を引き継ぐ準備をしたりしながら、転職活動も同時にされ、1年後、有言実行で転職されました。素晴らしい後任と皆さんに応援されて……というところで、この話は後日談があります。それから2年ほどしたある日、Cさんに街でバッタリ会ったのです。

＊　＊　＊

Cさん：「こんにちは！」
私：「あっ、Cさん、こんにちは。その後、グローバルのお仕事はいかがですか？」
Cさん：「実は今、元の会社にまた戻ったんです」
私：「えー！　どうしてですか？」
Cさん：「実は数か月前、今の会社から『やはり戻ってきてくれないか』と連絡があって」

私：「すごいですね。それは嬉しいことだと思いますけど…」

Cさん：「それで冷静に考えたら、求めていたグローバル人事の仕事経験は、2年弱で十分できたなと。だったら戻らない理由はないなって思って」

私：「そうだったんですね。おめでとうございます！」

Cさん：「ありがとうございます（笑）」

＊　＊　＊

Cさんは、純粋に個人の人生としてのキャリアを大きく描くことで、イキイキ頑張られました。その人生の目的を果たすプロセスとして、現職場はどのような意味があるのか。何を成し遂げたいのか。もし、将来去る必要があるとしたら、その時には、いつ、どのような状態、人間関係で去りたいのか。理想を描き、トコトンチャレンジすることで、個人の目的と会社の目標の共有ゾーンで頑張ることができたのだと思います。

「1on1ミーティングにおけるキャリアデザインのテーマは、社内に限定すべきか」という問題は、どの会社でも悩まれることだと思います。そして、正解などありません。

私は個人的には、やはりダイナミックに制約なく実施し、本当に社外に望む道があるなら、それはそのような選択になればいいと考えます。私も小さな会社を経営していますが、本当は社外に行きたいのに我慢して働いてもらうのは社員さんに申し訳ないですし、120%の力は出ないと思います。したがって、その時は気持ちよく送り出したいと考えます。社外のキャリアを見せないようにしてセッションをやると誘導尋問にもなるでしょうし、きっと社員さんにストレスがたまります。その結果、辞めてしまったのでは、同じ辞めるのでも全く意味も、人生も変わってくると思います。

私ができることは、「この会社で働きたいです！」と思われるように、会社を魅力的に成長させていくだけだと考えております。

8　ニュートラルに質問し、受け止めるだけ

ここまでお読みいただいてお分かりのように、上司が「気づかせる」「気づきを与える」などと頑張る必要はありません。それらはむしろ、ラポールを壊す原因になります。**ニュートラルに質問し、ただ受け止めるだけ**なのです。

どんな答でもいいのだから、上司の質問は、明快で単刀直入、短いはずです。そして、概

ねオープン・クエスチョンになるはずです。

オープン・クエスチョンとは、前述した、「イエス」「ノー」で答えられるクローズド・クエスチョン以外の全ての質問（5W1H、「具体的には？」「他には？」など）です。相手がほとんど話している状態になり、必要に応じて上司は何もしゃべらず静かに、メンバーの内なる自問自答を見守ります。

また、上司はメンバーの言葉づかいや声のトーン、話すスピード、抑揚、態度、ものの捉え方、感情などに気を配り、必要に応じて質問したり、話題にしたり、掘り下げたりするとよいでしょう。それらは、メンバーの価値感やニーズなどの表れである可能性が高く、メンバー自身の気づきにもつながるからです。

そして、メンバーが常に話したいことを話せるよう、表情などに注意しながら、「今、話したいことが話せているかな？」「当初のテーマと話が変わってきたけど、どっちの話がしたい？」など、確認しながら進めることも大切です。

9　どんな学び、気づきがあったか

魅力的な目標を設定し、熱心に頑張り抜いたにもかかわらず、いろいろな事情などもあって結果として達成できなかった。そんなことも時にはあると思います。その時、その目標を追いかけたことは無駄だったのでしょうか。

例えば、あるオリンピック選手が金メダルを目指し、4年間の全てをそれにかけてきた。紆余曲折あったが、実力的には金メダルが取れるレベルに、ついに到達した。いざ本番。……練習でもしたことのないようなミスが出て、メダルを逃した。オリンピックの魔物……その時、目標未達に終わったその選手の努力は、無駄だったのでしょうか。

断じて、そんなはずはありません。血のにじむような努力、葛藤、感動、涙、全て事実であり、〝無〟なわけがないのです。金メダルは得られませんでしたが、様々なことを得たはずです。

知識、技術、コミュニケーション力、戦略性、計画力、精神力、あきらめない心、経験、悔しい思いをした人の気持ちへの理解、心身のタフさ、感謝、応援者、協力者、人気、ライバル、達成感、感動、やり甲斐、夢、頑張る目的、自信、信用、信頼、チャンス、物事の本質が見えてくること、人間的魅力……

目標を達成してもしなくても、本気でやったとすれば、全ては学び、気づき、魂の研磨につながり、100％今後の人生のリソースになっているのです。だから、何かを本気で目指し、無心で頑張ることは、間違いなく尊いことといえます。

見ている人は必ずおり、人として、ビジネスパーソンとしての信用から重要なチャンスがまた、与えられるのではないでしょうか。

したがって、上司はセッションの中で目の前の課題解決ばかりに気を取られることなく、メンバーが課題に向き合うプロセスで、自分自身や状況について気づいたこと、学んだこと、成長したことは何かということに焦点を当てることが大切です。「ここまで話してきて、どんなことに気づいた？」「今日の学びは何だった？」などと質問し、内省を促しましょう。そしてその気づきを、直接のアクションプランに留まらず、人生全般にも今後どう活かせるか、メンバーが考えられるよう視野を広げてサポートしましょう。

またその意味で、時間ばかり気にして、1on1を形骸化させないことも大切です。前述したように、人間の脳は解決していない問いは他のことをやっていても潜在意識で考え続けるという性質があります。したがって、1回のセッションで強引に全て解決しようとしないことが大事です。時間内に無理に終わらせようとすると、誘導尋問などが始まってしまいます。

では、終了時間が近づいた時は、どうすればよいのでしょうか。次のようなステップを使えば、気づき、学びも得た上でしっかりクロージングでき、次回につなげることができます。終了の3〜4分前になったら、以下の流れでやってみましょう。

①「途中だけど、そろそろ時間だね」
②「ここまで話してみて、どんなことに気づいた？」
③「そんなことに気づいたんだね！　それを踏まえて、小さな一歩、何から始めたい？」
④「いいね！　それ、いつから始めたい？」
⑤「ぜひやってください！　応援しているよ。今日の感想はどうだったかな？」

できれば、約束の時間を、上司の都合で延長するのは避けたいところです（メンバーから要望があり、上司もそれで大丈夫な場合は、その限りではありません）。でないと、メンバーは次回から積極的に時間を取ってくれなくなる可能性があります。終了時刻が読めないからです。上記のステップで気づき、学びの整理をした上で、約束の時間できっちり終わる。

このような方法をお勧めします。

10　質の高い1on1ミーティングを習得するために

この章では様々な質問を紹介してきましたが、一回読んだくらいでは、現場でとても質問が出てきそうにない、と心配になったかもしれません。そこで私のお勧めは、「質問集を手元に置き、ちら見しながらやる」という方法です。しっかり暗記してというのが普通かもしれませんが、私は、少なくとも最初は**「暗記しないで」**と申し上げたい。理由は2つあります。

ひとつは、もし質問を覚えて本番に臨むと、やっている間に記憶が飛び、「あれ？　次、どんな質問だったかな？」と考えてしまうからです。何度も書いたように、「ラポールなくして、コーチングなし」です。慣れないうちから質問のことを考えると、まずメンバーへの傾聴が疎かになります。するとメンバーはどう思うでしょうか。「あれ？　自分のことじゃない、何か別のことを考えているな」となって、ラポールが壊れます。すると、メンバーは安心して自問自答に没頭することができなくなるのです。何をおいても「このメンバーの人生を応援する」傾聴が最優先です。したがって、質問については忘れてもいいように、質問集を手元に置きながらやっていただければと思います。

もうひとつの理由は、質問集を見ないでやると、従来の慣れた質問が出やすいことです。つまり、情報収集、仮説検証、アクションを訊く質問、誘導尋問、原因論型の質問ばかりになりやすいのです。これではコーチングは機能しません。

1 on 1ミーティングもコーチングも体得スキルです。つまり自転車に乗れるようになるのと同じです。自転車の乗り方をいくら知っていても、乗れなければあまり意味がありません。ということは、質問集は自転車における補助輪と同じです。もし、最初から補助輪なしで自転車を練習したらどうなるでしょうか。バタバタ転んで、痛いし、つまらないし、やめようってことになるのではないでしょうか。でもこの補助輪があれば、本当はバランスが取れていなくてもなんとか運転できている感じになって、楽しいからたくさん乗って、いっぱい乗っている間にバランスがとれて、補助輪があまり地面に触れていないということが出てくる。そうなったら補助輪を外せばいい。つまり質問集片手にいつも楽しくやっていると、何十回もやっているうちに「そういえば、最近見ていないな」という瞬間が出てきます。そうしたらもう見なくていいということになります。それは、良質な質問をマスターしたことになり、オリジナルでもどんどん質問が作れるようになります。

オンラインでやれば質問集は相手から見えませんし、対面でやるのであればバインダーか何かに挟めば大丈夫です。あるいは、「最初は、質問集を見ながらやるね」と宣言して始めるのもいいでしょう。

いずれにせよ、見てやることによって傾聴に95％エネルギーを割き、ラポールを構築することができます。そして、どんな答が返ってきても肯定的に受け止め、応援し、勇気づける。これでコーチングは機能し始めます。ぜひやってみてください。

11　第3フェーズで扱うテーマの例

1on1ミーティングのテーマはメンバーが持ってきますが、彼らがテーマを思いつかなかった時などに見せられるよう、テーマの例をご紹介します（図表7－5）。これは、第3フェーズ「気づき、チャレンジする」に関するテーマ例です。よりハードルが低いもの、すぐに取り掛かれるものを最初の方に、だんだんリーダーシップが高まってきたメンバー向けのテーマを後の方に記載しました。

図表 7-5　第3フェーズにおけるテーマの例

- 日常業務でメンバーを観察し、上司が感じたこと、成長した点、気になった点などについて
- 現在の担当業務の、自分のキャリアや人生における意味、価値について
- メンバーが本当にやりたいこと、強みについて
- 本人がチャレンジしたい中長期の目標や、身につけたい能力・スキルの修得などについて
- 積みたいキャリアや将来のことについて
- メンバーの、メンバー育成に関する課題について
- ミッションやビジョン、戦略への理解や関わりについて
- チームにおける自身の役割や貢献の向上について
- 担当業務や組織に関する本質的な課題・改善について
- 社内外のコミュニケーションに関する課題について
- チームワーク・コラボレーションの促進について
- 人生ミッションについて

素晴らしいラポールのもとメンバーを勇気づけ、お互いにモチベーションやエネルギーが高まるセッションをしていきましょう！

第8章

鏡としてのフィードバックと、選択肢としてのティーチング

1　鏡としてのフィードバック

フィードバックというと、多くの場合、評価を伝える、指摘をするなどの意味で使われると思います。特に業績などに関して伝える場合は、そのような意味になるでしょう。しかしコーチングの一環として使う場合、フィードバックは少しニュアンスが変わってきます。

フィードバックの語源は軍事用語といわれます。遠くの的をめがけて大砲を打つ。しかし昔は高性能のレーダーなどないので、なかなか当たらない。そこで、的のそばにフィードバッカーという人がいて、フィードバックしてくれるわけです。例えば大幅にオーバーしたとすると、「10メートルオーバーです」のように返ってきます。評価、指摘とはニュアンスが違いますね。それではと少し角度を変えて2発目を放つと、「7メートルショートです」。三度目の正直で放つと「当たりました」。これが本来のフィードバックです。ジャッジの入らない、ニュートラルなものです。

つまりフィードバックとは、本人がよく見えていないこと、気づいていないことに関して、見えている（聞こえている）客観者から、「こう見えますよ」「こう感じますよ」と伝えることです。それにより、本人がそこに向き合うことを支援します。

コーチング中のフィードバックを「指摘」と捉えてしまうと、上下関係が意識され、ラポール構築に支障が出ます。我々は日常、鏡を通してしか自分の顔がどうなっているかが分からないように、自力では見えない、気づけないことがあります。そこで、鏡としてのフィードバックを、〝横〟から提供するのです。

ポジティブな内容のフィードバックであれば、簡単です。

「最近の君の発言は、ずいぶん視座が上がったように感じる。頼もしいよ！」

我々も言いやすいですし、メンバーもきっと素直に喜んでくれると思います。

一方、ネガティブ・フィードバックはどうでしょうか。

2　ネガティブ・フィードバックをする前提条件

ネガティブ・フィードバックをすることに抵抗がある人は、少なくないと思います。

例えば、こんなメンバーがいるとします。誰より努力をしておりハイパフォーマー、チームへの業績貢献は素晴らしい。ただ、若さゆえか少し謙虚さが足りず、やや高慢に見える態度に他のメンバーが嫌な気持ちになっている。上司のあなたのところにも苦情がきています。「彼、すごいのは分かりますけど、あの態度、何とかしてください。一緒に働くのが嫌です」。しかし、本人はそのことに気づいていません。

気づいていないので、上司としてネガティブ・フィードバックをする必要があります。できるでしょうか。下手に伝えてヘソを曲げられたり、せっかくのパフォーマンスが下がったりしても困ります。かといって、腫れ物に触るように見て見ぬふりをしていると、周りのメンバーが最悪、辞めてしまうかもしれません。

ところで、もしあなたが誰かからフィードバックをされるとして、どんな人のフィードバックなら素直に受け入れることができるでしょうか。反対に、「あなたに言われたくありません」という気持ちになるのはどんな人でしょうか。

受け入れることができるのは、尊敬する人、言行一致している人、誠実な人、親しい人などでしょうか。つまり信頼できる人。一方、言われたくないと思うのは、尊敬できない人、口先だけで自分ではやらない人、不誠実な人、嫌いな人などでしょうか。つまり信頼できない人。

すなわち、コーチングの質問と同じで、フィードバックが機能するかどうかも信頼関係、ラポールが前提となります。

では、前提としてラポールが築かれていたとしても、我々がネガティブ・フィードバックをしたくないとすれば、理由は「関係にひびが入るんじゃないだろうか」「相手のせっかくの高いモチベーションやパフォーマンスが下がったら困る」「ハラスメントで訴えられたり、最悪、離職されたりしたら大変だ」などの思いでしょうか。

本人は気づいていないので、フィードバックをしなければこれらのリスクは避けられます。しかし、そうすると他のメンバーの信用は失います。したがって、関係にひびが入らず、本人の高いモチベーションやパフォーマンスを下げることもなく、ハラスメントで訴えられたり、離職されたりもしない、すなわち相手の人格を尊重したフィードバック法が必要となります。

3　相手の人格を尊重したフィードバック、3ステップ

相手の人格を尊重したフィードバック法がこちらです。3ステップからなっています。

1　許可を取る
「私の感じたことを伝えてもいいですか？」
2　Iメッセージで伝える
「私には、～のように見えました／聞こえました／感じました」
3　確認を取る
「あなた自身はどう思いますか？」

仮に、あなたが前述したハイパフォーマーなメンバーだとして、以下の2つのパターンで伝えられた場合、それぞれどのような気持ちになるでしょうか。

〈パターン1〉
「○○さん、結果を出してくれてるのはいいいんだけど、前と比べて謙虚さが減ったよね」

いかがでしょうか。「え！　誰よりも努力してチームに貢献している私に、そんな言い方します？　もう結構です。ライバル会社に転職します！」などとなるでしょうか。あるいは、グサッと傷つくでしょうか。いずれかのようになりそうです。

この〈パターン１〉は、Ｙｏｕメッセージで「あなたは謙虚さが減った」と、相手をジャッジして（決めつけて）います。〝否定された〟というように感じるのです。

〈パターン２〉

「○○さん、感じたことを伝えていい？」（はい）

「結果を出してくれてありがたいんだけど、私には、前と比べて謙虚さが減ったように見える。あなた自身、どう思う？」

いかがでしょうか。「え！　そう見えるんですか？」、あるいは「え！　そんなつもりはないんですけど。なぜ？」などと思うでしょうか。いずれにせよ〈パターン１〉とは違って、上司に決めつけられたとは感じないはずです。

この〈パターン２〉は、Ｉメッセージで「私には、謙虚さが減ったように見える」と、上司の主観を伝えており、相手をジャッジして（決めつけて）はいません。したがって、人格が尊重されており、〝否定された〟とは感じないのです。

メンバーが「そんなつもりはないのに」となっても構いません。そのつもりがないのに、側からそう見えるのは、本人も不本意なはずだからです。「なぜ、そんなことを言うんですか？」と訊かれ、上司は根拠となる言動について話します。すると、「だから、そう見えたんですね。実は、そんなつもりはなく…」など、大切な話し合いを続けることができます。

フィードバックとは、行動を直させるために**指摘するものではなく、本人が気づいていないことについて「客観的にはこう見えるよ。それについてどう思う？」と向き合うことを促すもの**だからです。〈パターン1〉のように言われると、メンバーの言い分を挟む余地はありません。一方、〈パターン2〉の3ステップの方は、上司の寄り添いや気遣いを感じるのではないでしょうか。

では、3つのステップが必要である根拠を、詳しく解説します。

客観者とはいえ、フィードバックの内容は我々の主観です。したがって、それが**正しいとは限りません**。ゆえに、まず許可を取っています。「(あくまで主観に過ぎないので違っているかもしれませんが) 感じたことを伝えていい？」と。

なお、**感じたことであって、思ったことではない**、ということもポイントです。思うは

「思考」、感じるは「五感」「感情」です。思うは考えなので、ジャッジ（判断）が入っています。感じるは感覚器官を通じて「見えた」「聞こえた」のであり、心が「嬉しい」「悲しい」などと感じたのであって、反応に過ぎません。ジャッジではありません。

その上で、Ｉメッセージです。「（主観だけど）私にはこう見えるよ」「こう聞こえたよ」「こう感じたよ」と伝えています。ニュートラルに、鏡の役割を果たしているのです。

そして、「あなた自身はどう思う？」と、本人にジャッジを求めています。

したがって、相手の人格を尊重した上で、しかししっかり伝えています。ソフトに伝えているわけではなく、「私には謙虚さが減ったように見えた」とはっきり伝えているのです。

もちろん、長年の付き合いで、お互い全部分かり合っている仲であれば、「お前最近、謙虚さがないよね」と言われても信頼関係に影響はなく、むしろストレートでよいかもしれません。しかし、そうでない場合は、そしてネガティブ・フィードバックの場合は特に、この3ステップを丁寧に踏むことをお勧めします。

ちなみに、慣れてくると、往々にして最初の「許可」が抜けたり最後の「確認」が抜けたりします。抜けたらどうなるでしょうか。ハイパフォーマーなメンバーの気持ちになって、どう聞こえるか、感じてみてください。

〈パターン3〉（許可が抜けた場合）
「○○さん、結果を出してくれてありがたいんだけど、私には、前と比べて謙虚さが減ったように見える。あなた自身、どう思う？」

いかがでしょうか。やや唐突感を感じませんか。

〈パターン4〉（確認が抜けた場合）
「○○さん、感じたことを伝えていい？」（はい）
「結果を出してくれてありがたいんだけど、私には、前と比べて謙虚さが減ったように見える」

いかがでしょう。確認なしで終わると、やや決めつけられた感がありませんでしょうか。
そこで、改めて**〈パターン2〉**です。

「○○さん、感じたことを伝えていい?」(はい)
「結果を出してくれてありがたいんだけど、私には、前と比べて謙虚さが減ったように見える。あなた自身、どう思う?」

許可と確認の大切さを感じていただけたのではないかと思います。

上司の皆さん、メンバー本人と周囲のメンバーのために、胆力を持って、ネガティブ・フィードバックにぜひ、チャレンジしてみてください。

ところで、「○○さん、感じたことを伝えていい?」と許可をとった時に、万一「いや、嫌な予感がするのでやめてください」などと拒否された場合はどうしますか。その時はフィードバックはしません。そのために許可を取っているからです。ただ、フィードバックを受け取らない人は、いずれ裸の王様になり、それ以上成長することはできません。自律型人財になりたいかどうかは本人が決めることなのです。リーダーの皆さんは臆することなく、「感じたことを伝えていい?」と許可を取ればよいのです。

4　他責だと感じるメンバーへのフィードバック

あるマネジャーの方曰く、「他責一辺倒なメンバーに、自分がそうなっていることを気づかせたい。なんとか自分ごととして主体的に取り組むように仕向けたい」とのことでした。フィードバックの3ステップを使うと、以下のように伝えることができます。

「○○さん、感じたことを伝えていい？」
「**私には、あなたの言っていることは筋が通っているように聞こえる半面、あなた自身のことについては触れていないように聞こえたよ**」
「あなた自身、どう思う？」

また、メンバーの話す様子によっては、前述**太字**の部分について、私であれば、以下のようなことも伝えるかもしれません。

「**あなたの言葉は、△△さんを一方的に責めているように聞こえたよ**」

「あなたにこんなに不満を抱かせるなんて、私のマネジメント力の足りなさを感じた」

「あなたの表情や声のトーンから、言外に『責められたくない』という心の叫びのようなものを感じた」


相手に気づかせよう、コントロールしようというのではなく、鏡として感じたことを率直に伝え、それについて向き合うことをサポートし、じっくり話し合う。それが〝横〟の関係で接することであり、メンバーを信じて応援することではないでしょうか。

そのためにはまず、我々自身がどう感じているか。自分の五感や感情のセンサーはどう反応しているか。繊細に感じたいものです。

5　見方、考え方などに関するフィードバック

以下に、いくつかの場面でのフィードバックの使用例をご紹介します。

1on1ミーティングで、上司の質問に対して自問自答するのではなく、上司が求めているであろう答をメンバーが一生懸命探しているように見えたら、例えば以下のように伝えられるでしょう。

「○○さん、感じたことを伝えていい?」

「**私には、あなたが私のために一生懸命、私が気に入りそうな答を探してくれているように見えた**」

「あなた自身、実際どう?」


メンバーの表情や声のトーンが変わったら、その**瞬間にフィードバック**します。


「○○さん、感じたことを伝えていい?」

「今、あなたが『うちの会社のお客様はいい人ばかりで好き!』って言った時、**顔がパアッと1トーン明るくなったように感じた**」

「あなた自身、どう思う?」


また、メンバーの見方、考え方が、メンバー自身のロジック(思い込み)であるように聞こえたら、例えば以下のように伝えられるでしょう。

「○○さん、感じたことを伝えていい？」

「今、『私の業績が思わしくないから、後輩が不遜な態度を取る』と言っていたね。もちろんそういうことも可能性のひとつではあるかもしれないけど、**私には、あなたがそうに違いないと最初から決めてしまっているように聞こえた**」

「あなた自身、どう思う？」


ところで、前述のハイパフォーマーなメンバーの謙虚さが足りなく見えるというのを、実際に上司は目にしておらず、他のメンバー伝いで聞いた場合、どのようにフィードバックすればよいでしょうか。例えば以下のように伝えることができます。


「○○さん、感じたことを伝えていい？」

「私は、君がチームに非常に貢献してくれていると感謝しています。ところで、『君の謙虚さが以前より減った』という声を聞いた。**私としては、君が人一倍頑張ってくれているだけに、すごく胸が痛んだ**」

「あなた自身、どう思う？」

やはり人づてに聞いた場合も、**実際に自分が感じたこと**を伝えることをお勧めします。

6　1on1ミーティングにおけるティーチング

1on1ミーティングにおいてティーチングする場合、重要だが緊急ではない、第二象限に位置する内容のものを伝えることが多いのではないでしょうか。その場合、ティーチングする内容は実質的な指示ではなく、「選択肢」となります。具体的には、フィードバックの3ステップと同様に、3ステップで伝えるとよいでしょう。

〈選択肢を提供する3ステップ〉

1　許可を取る
「私の情報/経験/想いを伝えてもよいですか?」

2　情報提供/自己開示をする
「実は、こんな情報を持っています/こんな経験をしました/こんな想いを持っています」

3　確認を取る「参考になりますか？／あなた自身、どう思いますか？」

「馬を水際まで連れて行くことはできるが、水を飲ませることはできない」という諺がありま す。ここに美味しい水があるよと連れて行くことはできるが、飲むかどうかは馬が決めるということです。

> 「あなたが興味を示すかもしれないキャリアの選択肢について情報があるんだけど、聞きたい？」（ぜひ！）
> 「実は、こんな情報があるんだ」
> 「どう？　参考になる？」

選択肢は提供しますが、自律型人財になってもらうために、選択は自分でしてもらうというスタンスが大切です。

また、３ステップで示す通り、ティーチング以外にも、経験を伝えたり、想いを伝えたりすることもできます。

「実は、思うところがあるんだけど、伝えてもいい？」（はい、何でしょう？）
「あなたのように志と利他心のある人には、本当はいちプレイヤーではなく、幹部を目指してほしいと思っているんだ」
「あなた自身、どう思う？」

どのように答えてくれるかは分かりませんが、こちらの想いはきちんと伝えることができます。

第9章

モチベーションを引き出すとは、生命力を引き出すこと

1　自己承認が全ての始まり

メンバーをコントロールしようとする小手先のテクニックなどではない、メンバー自身の自問自答をサポートするコーチング、鏡として見えた、聞こえた、感じたことを伝え、そこに向き合うことを支援するフィードバックなどをご紹介してきました。ただ、そこに至るには3つのフェーズのうち最初の2つ「第1フェーズ：心理的安全性（安心感）の醸成」「第2フェーズ：動機づけられる、頑張る理由を見つける」をクリアすることが必要であるとも書いてきました。

そのことを「**承認のオイル**」というたとえ話を使って、別の切り口から述べてみたいと思います。

「承認のオイル」には3つのルールがあります。

ルール1：コップは自分自身。コップは承認のオイルで満たされなければならない。

ルール2：承認のオイルは、自己承認※のオイルと他者承認のオイルの2種類がある。

ルール3：2つのオイルは密度が異なり、混ざらない。自己承認※のオイルの方が重く、下

図表 9-1　自己承認のオイルと他者承認のオイル

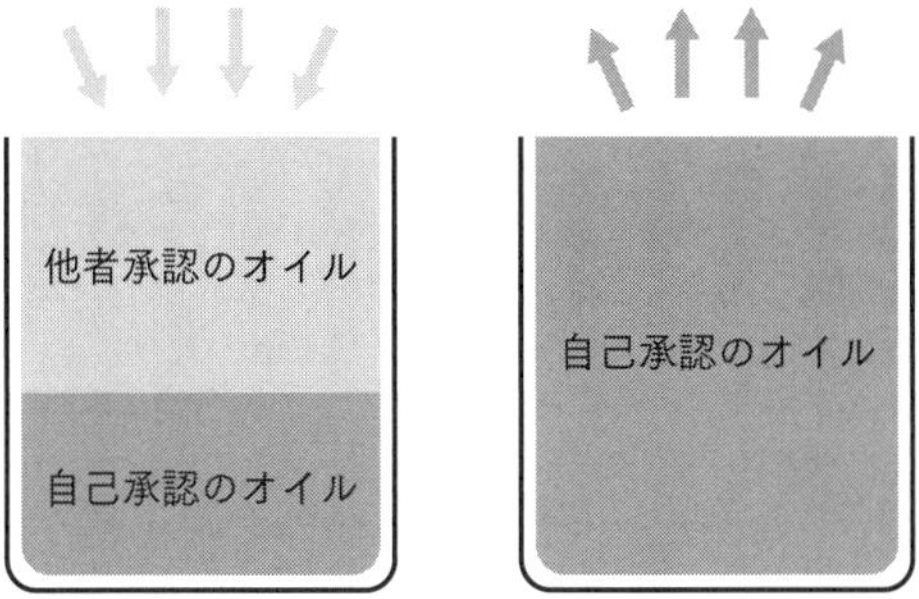

図1　図2

にくる。

※自己承認＝自己肯定感（私は私でよいと思える安心感）＋自己効力感（私はやればできると思える健全な自信）

人は自己承認が少ない場合、コップを満たすために他者の承認を必要とします（図表9－1の図1）。一方、自己承認が十分だと、コップは一杯なので、他者の承認はそこまで必要がなくなります（同図2）。

自己承認が不足している状態（同図1）では、自分への信頼が弱く、他者に認めてほしいので、例えば図表9－2のようなことが起こり得ます。

一方、自己承認が十分な状態（同図2）ですと、他者に過剰な承認は求めないので、例えば図表9－3のようになり得ます。

自己承認が不足していると、他者の目を気にして、〝他人の人生を生きる〟ことになります。一方、**自己承**

図表 9-2　自己承認が不足していると起こり得ること

- 自信がないので、オドオドする。
- 失敗を恐れて受け身となり、新たな提案などはあまりしない。“正解”を知りたがる。
- 他者の顔色を窺い、自身の判断軸に迷いやブレが生じたりする。
- 他者に認めてもらうために、「認めて！」とすごい実績や持ち物をアピールしたり、いわゆる“リア充”を演出したりする。
- 自ら厳しいバー（目標など）を設定し、それを超えない限り自分を決して認めない。
- 周りの人たちのことも、結果を出さない限り決して認めない。こうあるべきと厳しく接する。人を強引に変えようとする。
- 周囲の期待に応えようとして、優等生であろうとする。弱みを決して見せない。失敗を恐れる。
- 他者の承認を得るため、目先の結果にこだわる。結果を出すことで人の気を引こうとする。
- 他者に認めてもらうには結果を出す必要があるため、達成しても安心できるのは刹那的。他者に承認してもらうためにエンドレスで頑張り続けることが必要になり、疲れる。
- 疲れてストレスが爆発すると、ハイパフォーマーだがチームクラッシャーな人になったりする。
- そうなると、苦労して好業績を出しても周りからあまり認めてもらえないため、さらにエンドレスで頑張り続けるという悪循環に陥る。
- 自己効力感が不足し、現状レベルにとどまることを選択する。冒険しない。
- 他者に認めてもらう（嫌われないため）ため、対等に交渉できない。
- 自己効力感の高い人に会うことを、無意識に避ける。

など

図表9-3　自己承認が十分な状態で起こり得ること

- 自然体で堂々としている。余裕の笑みで風格が漂い、素晴らしい存在感を醸し出す。
- 失敗を恐れず、心から望む理想の姿にチャレンジする。自分の考えで提案ができる。
- いつも自身の価値基準で判断でき、その結果についても責任が持てる。
- 他者に認めてもらうためにアピールするようなことはあまりしない。自然体。
- 目標を設定し、もし努力した結果達成できないことがあったとしても、自分自身を否定することはなく、健全に未達の原因について分析、検証し、次回への学びに変える。
- 周りの人たちの頑張りも、フラットに認めることができる。態度に余裕がある。
- 周囲の目が気になるからという理由で、望まないのに優等生であろうとはしない。
- 自分の弱みや失敗を、自然体で自己開示できる。
- 目先の結果にこだわることなく自分を信じ、広い視野で本質、物事を考えられる。
- 目指したいことのために頑張る。
- ハイパフォーマーでも、周囲に対し気持ちの良い気遣いが、余裕を持ってできる。
- そうなると、周りから好かれ、尊敬される。影響力がある。
- 自己を防衛する必要がないため、利害が異なる人とも落ち着いて対等に交渉できる。
- 自己効力感の高い人に会うことを好む。その出会いを刺激にして、もっと自身が高みに行きたいと思う。

など

認が十分であれば、他者の目を気にすることなく、思い切り自分らしく〝自分の人生を生きる〟ことができます。

言い換えると、落ち着いて自問自答に没頭できたり、フィードバックを健全に受け止めたりできるのは、自己承認がある程度高まっていることが前提であるということになります。

したがって、第1フェーズで自己肯定感を高め、第2フェーズで自己効力感を高める。その上で第3フェーズ、コーチングやフィードバックによる気づきのステージに行くことができるのです。

すなわち、**「全ての根幹は自己承認から」**です。

2　1on1が機能するピラミッド構造

ところで、もし自分が存在承認や、傾聴、勇気づけなどを受け取る側だった場合、その相手はどんな人でも大丈夫でしょうか。例えば、ちょっと卑屈な感じの人や「口先だけ？」と思えるやや信用できない人だったら、「No thank you!」だと思います。**どんな人が**承認、応援、勇気づけしてくれるかは極めて重要な問題です。そこで、図表9－4をピラミッドの頂点からベースへ向かって順にご覧いただきながらお読みいただければと思います。

コーチングやフィードバックでメンバーが自分自身に向き合い、気づきやチャレンジが起きるためには、前提としてラポールが築かれていなければなりません（一番上の段）。

したがって、質問などの前にメンバーを**存在承認**し、人生を応援するように**傾聴**し、勇気づけするという上司の関わり方が大切になります。それにより心理的安全性が醸成され、メンバーが動機づけられることになります（2段目）。

しかし、どんな上司が承認、応援、勇気づけしてくれるかが重要です。それは（卑屈な感じではなく）**自らを承認し、自然体で自分らしい生き方**をし、素直に弱みも**自己開示**できたりする、**影響力**のある上司ではないでしょうか。つまり、メンバーに気づきやチャレンジが起きるのは、上司のあり方がベースにあるのです（一番下の段）。

上司のあり方（一番下の段）について、少し深掘りしてみましょう。

上司自身、信頼している人（家族や友人、恩師など）から存在承認されていることを素直に受け入れ、自らも過大・過小評価なく「私は私で良い」と認める（→自己肯定感アップ）。そして日々、小さな成功体験を積み重ねるなどして「私はやればできる」と健全な自信を醸成する（→自己効力感アップ）。そのような日々の積み重ねから、自らを承認できる

図表 9-4　自律型人財への成長ピラミッド

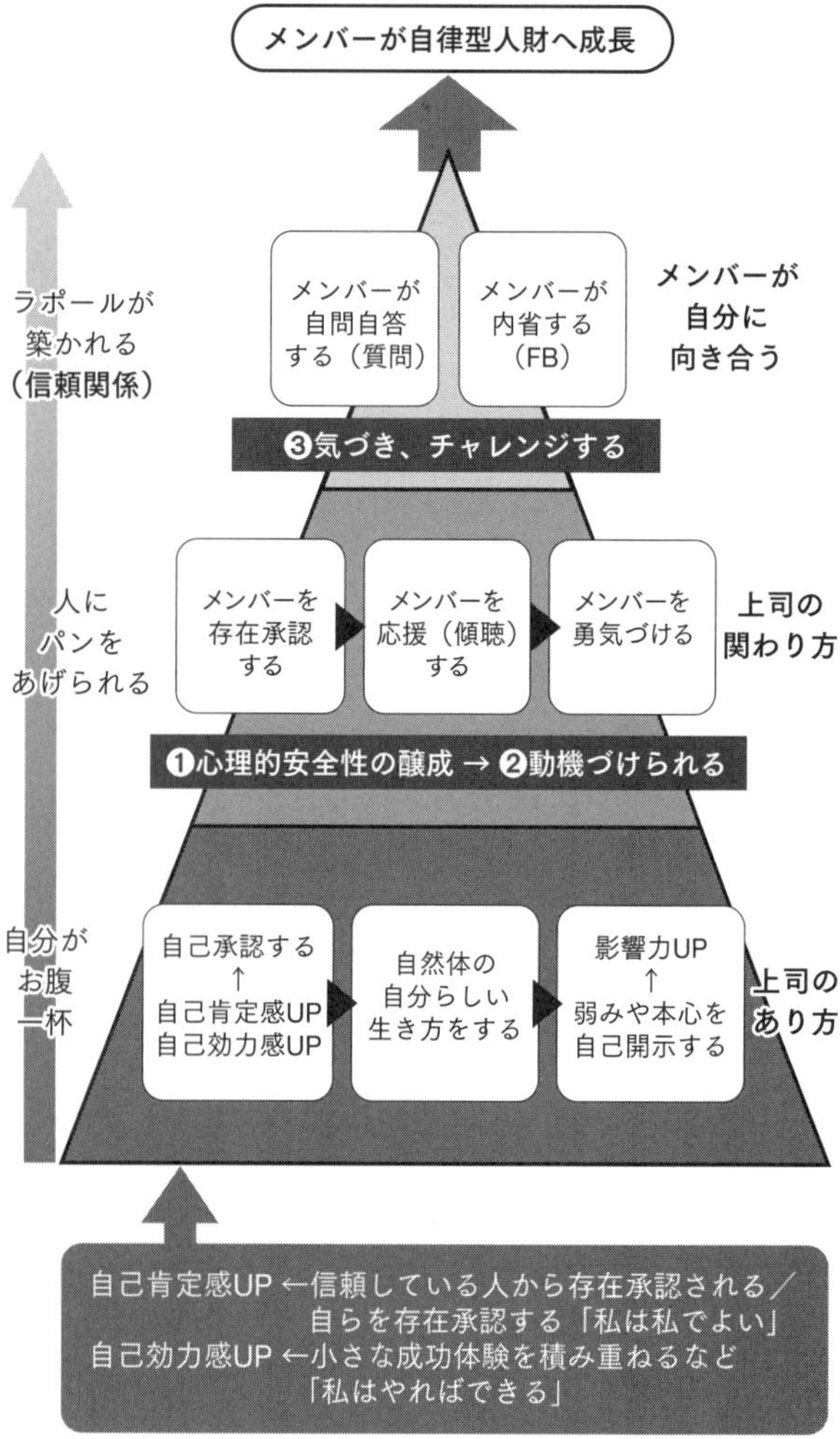

ようになります（自己肯定感＋自己効力感＝自己承認）。

　そうなりますと、優等生を演じたり変に自分を大きく見せたりする必要がないので、肩の力が抜けた自然体の生き方になります。基本的に裏表がなく、人に必要以上にコントロールされないし、人を無理にコントロールすることもありません。TPOはわきまえますが、基本的に本音を嫌味なく話すことができ、相手を勇気づけるためには自身の弱みや失敗談を赤裸々に伝えることもできます。

「あなたくらい若い時は、僕は本当に全然ダメでね。～なレベルよ。当時の僕より今のあなたの方がよほどしっかり考えていると思う。思い出すとちょっと恥ずかしいね（笑）」

「私も1on1を始めたばかりで、うまくいったりいかなかったりだよ。まだ正直不安もあるしね。でも、それを受け入れて、一歩一歩前に進もうと思っている。私もあなたもいつか必ず乗り越えられる。応援しているよ」

　そんなふうに正直に自己開示してくれる上司だったらいかがですか？「なんだ、大した上司じゃないな」とはならず、むしろ尊敬され、影響力、存在感を感じるものでしょう。

　上司自身、自分で自分を承認できていれば、自然にメンバーを応援することができます。他者承認を過度に必要としない、自己承認のオイルでいっぱいの状態です。つまり、**自分が**

お腹一杯だと、頑張らなくても人にパンを与えられるのです（ピラミッドの左の矢印）。

　ただ、上司のあり方が前提としてキチンとできていなければ1 on 1ミーティングもコーチングもできない、と申し上げているわけではありません。そんなことを言ったら、私も含めできる人はあまりいなくなってしまいます（笑）。そうではなく、**このピラミッドを意識の片隅に置きながらチャレンジしていくことが大切**です、ということです。そして、**ピラミッドのベース（下）から順に強化されればされるほど、メンバーが自律型人財へ成長していくスピードは加速していく、**ということも分かります。

　コーチとしての〝あり方〟や〝マインド〟が土台にあってスキルがさらに生きるため、メンバーの成長を支援するなかで、上司自身も自分と向き合うことになります。そして、上司自身も全ての根幹は自己承認からです。私は幼少期からずっと、極めて自己承認できない人間でしたが、素晴らしい恩師との出会いや、日々取り組んだ小さなことを自分自身で認めていくことなど一歩一歩の積み重ねで、自己を承認できるようになっていきました。**1 on 1ミーティングやコーチングにチャレンジしていくと、上司もメンバーも成長できる。**これが醍醐味ではないでしょうか。

3 「This is me」――あなたには価値がある！

ヒュー・ジャックマン主演の映画『グレイテスト・ショーマン』で、キアラ・セトルが挿入歌『This Is Me』を歌っています。その歌詞は「心の誇りを失わず、堂々とありのままの自分でいよう」と語りかけてきます。「自分が輝くための居場所はきっとあるはずだ」と。

私たちに違いはあって、優劣はない。

私にも、あなたにも存在する目的や価値がある。答は自分の中にある。

だから対等の存在として横から関わり、ただ勇気づける。

その普遍の真理を、1on1ミーティングという箱でやるだけなのだと思います。

1on1ミーティングを実践、体感すると、うまくいってもいかなくても全ては経験になり、自分たちを磨き、器を大きくするリソースになります。私も小さな会社を経営していますが、究極の戦略があるとすれば、それは1人ひとりがそれぞれの個性や能力を最大限発揮し、お互いに協力し合い、シナジーを起こしていくことだと考えています。

目の前のこの1人をリスペクトし、精一杯勇気づけすると、それはいつか必ず伝わり、モチベーションと生命力が引き出されます。

一度の人生を悔いなく、自分の人生を生きるために生きる。

今、この瞬間を、曇りのないクリアな自分で味わい、楽しみながら、お互い魅力的に生きていきましょう。

あなたはどんな1on1を実現し、根づかせたいですか？

あとがき

最後までお読みいただき、誠にありがとうございました。

本書は、約3000回、8000人を超える皆さまに1on1ミーティングのセミナー、研修を提供させていただいたり（2020年12月末現在）、2500時間を超えてエグゼクティブコーチング（経営層向けコーチング）をさせていただいたり（同）、また自分自身も社員さんに1on1をやらせていただいたりした経験、学びを集大成して書かせていただきました。

研修を受講くださった方々の顔を思い浮かべながら、その後現場で実践され「うまくいった」「いかなかった」と言われた声を思い出しながら、そして感動のシーンの思い出に胸を震わせながら、〝机上の空論で終わらない、リアルに実践できる〟をコンセプトに精一杯表現させていただきました。

上司との関係に悩んでいる方、メンバーの気持ちが分からないと八方ふさがりになっている方、コミュニケーションがうまくいかないとストレスを抱えている方、ヒトに関して行き詰まっている経営者、良い親になりたいと切に願う方、人として成長したいと頑張っている方に、少しでも勇気づけやヒントになりましたら幸いです。

私自身、幼少期から、アトピーなどもあって自己承認が極めて低く、コミュニケーションの失敗を恐ろしいほどしてきました。たくさんの方に大変なご迷惑をかけ、生きていくのが嫌になったこともあります。

ですから、コミュニケーションの大切さを嫌というほど身にしみて実感しています。「やっちゃった」と思うたびに反省し、借金をしてでも貪るようにいろいろなセミナーを受け、コーチングにも出会いました。少しずつ少しずつ改善し、またうまくいかず、を繰り返しながら、自分らしいコミュニケーションを獲得していきました。全ての経験が宝です。コミュニケーションが改善すると、人生が劇的に変わります。お陰様で、50歳の今が一番幸せだと感じています。

そんな背景のもと、一言一句、全て心から確信していることを書かせていただきました。また、時代がどんなに変わっても変わらない普遍的なことは何かと想像しながら執筆させていただきました。

私は、人は誰もが尊い役割をもって生まれてきていると考えています。自分はこの道だと誇りや勇気を持てる生き方が、1on1ミーティングをひとつのきっかけとして見つかりましたら、また、日常のコミュニケーションが少しでも豊かになるヒントになりましたら、こんなに幸せなことはありません。

ありがとうございました。皆さんのこれからを、心から応援しています。

最後になりますが、本書執筆の素晴らしい機会を与えてくださった、ビジネスコーチ株式会社の細川馨社長、青木裕常務、HRガバナンス・リーダーズ株式会社フェローの吉田寿様に心より感謝申し上げます。また、超遅筆な私を、辛抱強く最後まで勇気づけてくださった株式会社日経BPの網野一憲様、短時間できれいな組版に仕上げてくださった有限会社マーリンクレインの皆様にも深く感謝申し上げます。

そして、いつも全力で応援してくれる社員の天野さん、執筆中はホテルに何泊しても文句ひとつ言わず、信じて待ち続けてくれた家族のみんな、本当にありがとうございました。

本田賢広

著者略歴

本田 賢広（ほんだ・たかひろ）

㈱セブンフォールド・ブリス代表取締役。エグゼクティブコーチ、企業研修講師。1994 年、東京大学工学部卒、三菱銀行（現三菱 UFJ 銀行）入行。外資系生命保険会社などを経て、2012 年、㈱セブンフォールド・ブリスを設立。グロービス経営大学院 MBA。国際コーチ連盟認定プロフェッショナルコーチ。

著書に『1on1 ミーティングの極意』（ワン・パブリッシング、2023 年）

日経文庫 1434

実践！　1on1 ミーティング

2021 年 3 月 15 日　1 版 1 刷
2023 年 10 月 19 日　　6 刷

著　者　本田 賢広
発行者　國分 正哉
発　行　株式会社日経 BP
日本経済新聞出版
発　売　株式会社日経 BP マーケティング
〒 105-8308　東京都港区虎ノ門 4-3-12

装幀　next door design
組版　マーリンクレイン
印刷・製本　三松堂

©Takahiro Honda,2021
ISBN978-4-532-11434-3
Printed in Japan

本書の無断複写・複製（コピー等）は著作権法上の例外を除き、禁じられています。

購入者以外の第三者による電子データ化および電子書籍化は、私的使用を含め一切認められておりません。

本書籍に関するお問い合わせ、ご連絡は下記にて承ります。

https://nkbp.jp/booksQA